ブッダ究極の成功哲学

―君は「ダルマ」を知らずに生きるのか―

松永修岳著

かざひの文庫

地球外で太陽神がつくった「重さ約300kgの巨大水晶」
水晶のなかの白いものは隕石
タイ国 スラタニの池に空から落ちてきた［2018年10月18日］

タイの洞窟内
上から神聖物が出現するため神聖物を受ける天幕

野外で物質化現象プジャを行っている

司祭；松永阿闍梨　神聖物12個出現　タイ国 ナコンサワン［2023年11月24日夜］

野外の物質化現象プジャで出現した神聖物

司祭；松永阿闍梨　タイ国 ナコンサワン［2023年11月24日夜］

ナカラ神が授けた水晶（ナカラボール）100個出現

色が違うのはナカラ神の体の色が違うため

司祭；アチャンにより出現

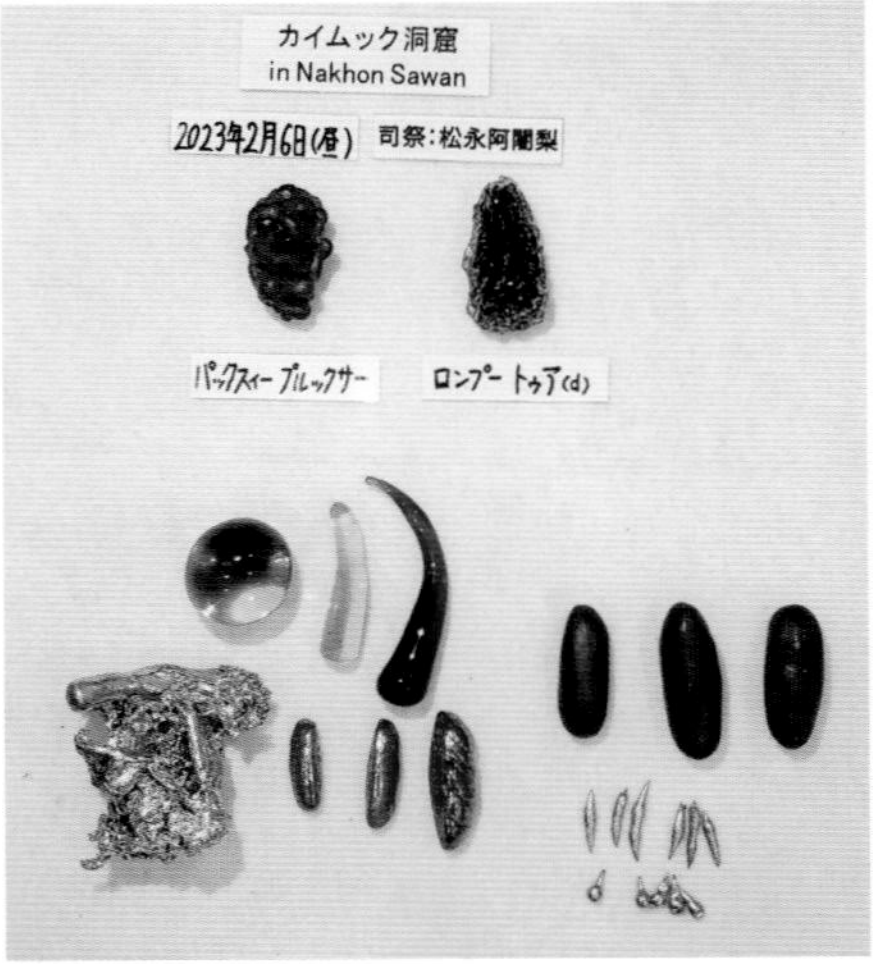

出現した神聖物

司祭；松永阿闍梨

タイ国 ナコンサワン　カイムック洞窟

［2023年2月6日昼］

はじめに
～なぜ今、ダルマなのか？～

今の人生は充実していますか？

皆さんは自分の人生が充実していると思いますか？

「自分の人生は良い人生だ」

そう思われて自分の人生が充実しているのならば、何も言うことはありません。

しかし、そんな風に自分の人生が充実している人は、おそらく少ないのではないでしょうか。

むしろ自分の人生に虚無感を感じ、将来への不安を抱え、

「もっと良い人生を送りたい」

「もっと幸せに生きたい」

そんな風に感じながら日々の生活を送っている人が多いのではないでしょうか。

とかく人生にトラブルはつきものです。思わぬトラブルに出くわしたとき、人は、悩んだり、苦しんだり、迷ったりして、「どうして自分はこんな目に遭うのだろう…」と自分の運命を恨んだりするものです。

「どうしたらもっとトラブルの少ない、良い人生になるのだろう」

そう考えてみても、どうしていいのかわからない。ほとんどの人は、人生の悩みを解消しようとしても、そのための具体的な方法がわかりません。だからまた同じようなトラブルに悩まされてしまう。神頼みとばかり「もっと良い人生にしてください」と祈ったところで何も変わりません。

では、どうしたら自分の人生をトラブルや悩みの少ない、もっと良い人生を生きることができるのでしょうか。

もっと良い人生を生きる、つまり運命を変えるためには、何かを変えなければいけません。今までと同じように生きていて何も変えようとしなければ、今まで通り不安や不満を抱えたままの人生を生きていくことになります。

自分の運命を変えて、より良い人生、幸福な人生にするためには、今の生き方を変えなければいけません。

では何をどう変えればいいのでしょうか——？

本当の教えはどこにあるのか求法探求の旅

私は十代の頃から「どうしたらもっと人の役に立てるのか」「どうすれば人の〝運命〟を変えることができるのか」ということをひたすら探求し、探し求めてきました。

そしてその答えを空海（弘法大師）が日本にもたらした『密教』の中に求めました。

ヒンズー教と仏教から派生した『密教』とは、単に信仰するだけの宗教ではありません。人間が持って生まれた潜在能力という可能性を最大限に引き出し、不幸を終わらせて、幸福な人生を生きることを可能にする〝究極の能力開発のための哲学・技術体系〟です。

『密教』には「自分を救い、他人をも救う」という根本精神があります。空海の伝えたかった密教が、それ以外の伝統的な組織宗教と明らかに異なる点は、あらゆる教えが「個人の能力開発」、すなわち「一人一人が自己実現すること」に向けられているという点です。

宗教で信仰の対象とされる〝御本尊〟といった、自分以外の何かを信じて、救いを求めるのではなく、自分自身に目を向けて〝自分〟というものを認識し〝自分自身〟を開発することで、より良い人生になるように進化させていく。その意味では〝より実践的な仏教〟だといえるでしょう。

私は大学を出ても就職もせず、求法探求のさまよえる旅を始めました。滝に打たれ、山々を歩き、どこに本当の教えがあるのかを求め続け、探求の旅は、18年間の長きにわたり続き、やがて空海の教えを求め、高野山に入り修行していました。

27歳のとき、高野山の高僧に「あなたの求めているものはここにはない。高野山を降りなさい」と言われ、次に和歌山と大阪の境にある犬鳴山というお寺に入り、得度を受け、名を「修岳」と改め、修験道を学びました。修験道とは、古神道と密教が混じった山伏修行で護摩行、滝行など山々を歩き修行する山岳修行です。

さらに空海の生きた密教を学ぶため、真言宗総本山・醍醐寺伝法学院に入門し、渡部俊現《わたべしゅんげん》大阿闍梨のもと、真言密教の四度加行、修験道の七壇法加行を修行しました。伝法灌頂に入壇し、32歳のとき真言密教阿闍梨、恵印灌頂《えいんかんじょう》に入壇し、真言宗当山派修験道の阿闍梨になり、34歳のとき、真言密教荒行焼《しょう》八千枚護摩行を満行。さらにこの修行をした者は「生きた不動明王」といわれる荒行焼《しょう》十万枚護摩行を満行した後、36歳のとき、究極の荒行といわれる千日回峰行に入りました。

千日回峰行とは、たった一人で山々を一日に30キロから40キロ深夜に歩き続け、長い距離は一日100キロ歩くという荒行で、合計4万2千キロ歩くのです。腰には自決用の短刀と首吊り用の貝之緒《かいのう》を携え、歩けなくなったら自害する覚悟で臨む修行です。

回峰行に入った私は深夜山々を歩きながら、

「これは本当のブッダの教えなのか、ブッダの説いた本来の仏教なのか」

「私が苦しむことで人々を救うことはできるのか、解脱することができるのか」

自問自答しました。

釈尊（ブッダ）は、「どんな苦行も解脱へと人を導くことはない」と気づかれ、6年間の苦行を捨て、深い瞑想に入られ悟りを得られました。苦行を捨てた釈尊は仲間から「行に破れた男」として非難されました。しかし釈尊の教えは、その自分を非難した仲間たちでさえ、やがて教えを乞うほどの真理でした。

「それこそが本当のブッダの教え、ブッダの説いた本来の仏教だ」

そのことに私は気づいたのです。

釈尊は「あらゆる出来事はすべて一人一人のカルマと徳分の法則によって起こる」と教えられました。私も私の苦行によって人を助けることも悟ることも解脱することもできないと気づき、18年間にわたる苦行は終わりを告げたのです。

＊釈尊とはお釈迦様の敬称。ブッダは28人いらっしゃいます。（56ページ参照）

本当の仏教は日本に伝わったことはない

日本は、釈尊が生まれ育ち、悟りを開いた場所から遥かに離れた場所にあります。それだけ離れた場所まで、本当のブッダの教えが正しく伝わるものだろうか。人の手を介して日本に伝わってくる間に、それぞれが解釈をすることで本来の仏教とは違ったものになっているのではないか。

「ブッダの教えは本当に日本に伝わっているのか？」

修行を続けながらも、その疑問がぬぐえずにいました。

たとえば鹿児島で生まれた料理も、京都では薄味に、東京では濃い味に、その土地に合わせてアレンジされるものです。それと同じように、仏教もその土地土地の人に合うようにアレンジされてしまいます。

そうだとすれば日本に伝わった仏教は、ブッダの教えである本来の仏教とはかけ離れたものになっているに違いありません。

「日本に伝わってきている仏教は本当の仏教ではない」

それが私が得た答えでした。

霊界のことも神々のことも間違っています。神の定義も仏の定義も違います。どのレベルを「神」と呼ぶのか、「スピリッツ（精霊）」と「神」との違いを日本人は知りません。

「今日本で広く信じられている仏教が本当の仏教でないのならば、本当のこと、本当の仏教を学ばないといけない」

その考えに行きついた私は、今まで積み上げてきた修行の道を外れ、本来の仏教、ブッダが説いた「ダルマ（仏法）」を学ぶようになったのです。

未来をつくるのは現在の行為

「ダルマ（仏法）」とは仏教の中心に位置するもので、ブッダが自ら悟りを開き、人々に説いた普遍的な真理です。それは人間の基準ではなく、神々の基準。神々のルール。神々から見た〝善い行い〟〝悪い行い〟という絶対的な基準です。

わかりやすい言葉でいえば、ダルマとは、正しい生き方をするための基準であり、より良い人生を生きるための拠り所となるものです。

誤ったものを正しいと思い込んで信じて生きていくのは大きな誤りです。正しくないことを誤ったまま信じて生きていくと、大きな人生の過ちを犯すことになります。誤った人生にしないために、正しい人生にするために、より良い人生を生きるために、本当のこと、本質を知る必要があります。そのためには正しい判断基準、思考の軸を持つことが要求されます。

その基準となるものが、本来のブッダの教えであり、すべての正しい判断基準となるダルマです。

今の人生が充実していないのであれば、現状の自分に不満や不安を抱えているのならば、何かを変えないといけません。今のままの延長で生きていったとしても、今までの人生と何も変わらないのですから、充実した人生を送ることはできないでしょう。

「あれをやっておけばよかった」「もっとああしておけばよかった」

そんな後悔だらけの人生にしないために、人生を生きるうえでの普遍的な真理であるダルマを学んでください。

ダルマを学び、ダルマを人生の軸として生きることで、誰もがこれからの人生をより良く生きることができるようになります。本当の仏教、ダルマを学ぶことで、今とは違う選択肢ができるようになります。より本当の、より正確な、正しい行為を行うことで未来が変わり、自分にとって満足、充実した生き方ができるようになります。

そのためにはダルマを学び、生きていくうえで拠り所となる〝思考の軸〟を持つことが必要です。

未来をつくるのは現在の行為です。現在の行為によって未来に受け取る結果は変わります。そして現在の行為は自分の意識によって、いくらでも良い方向へ変えることができます。良い方向に変えることができれば、より良い未来、より良い人生に変わります。ダルマを正しく理解し、実践することで自分の未来が変わります。

運命は変えることができるのです。

これからやってくる未来に〝充実感の高い人生〟を実現するためにもダルマを学び、善い行為をたくさん積み重ねて、より良い人生を歩んでください。

本当の仏教、ダルマを学ぶということが、どれだけ自分の残りの人生にとって有益であるのか。

本書をお読みいただければ、それがわかると思います。

２０２４年・仏暦２５６７年5月吉日　阿闍梨　松永修岳

目次

第4章
ブッダの叡智～自分の行為は未来に受け取る～

ブッダの教えであるダルマとは
「いかに生きるべきか」
その生きる道を明らかにしたものです。
仏教とは「生きる」という問題を
解決するための方法です。
苦しみを乗り越え
幸福な人生を生きるための最高の教えです。

第1章

良く生きるための法則「ダルマとは何か」

この世はすべて「カルマと徳分の法則」でできている

Q.そもそも「ダルマ」とは何でしょうか？

「ダルマ」とは、ブッダが悟った絶対かつ普遍の真理のことです。
ひと言でいえば「悟りを開いたブッダの教え」のことをダルマといいます。
ブッダの教えが「仏教」。
その仏教の中心に位置しているのが「ダルマ」。
日本語ではダルマのことを「仏法」といいます。

――どのような内容ですか？

「仏教」と聞くと「宗教」と考えてしまうかもしれませんが、ブッダは宗教を教えたのではありません。「生き方」を教えたのです。

ダルマは「法則」です。良く生きるための法則。「何が善い行い」で「何が悪い行い」なのかの基準がわかります。

より良い人生を生きたいのであれば、当然できるだけ多くの善い行いをして、できるだけ悪い行いをしないようにしなければいけません。その基準、判断の軸となるものがダルマ。

良い人生を送りたいのであればダルマを学ぶ必要があります。

人生で一番学ばなければならないものがダルマです。

――「ブッダ」について少し教えてください。

「ブッダ」というのはサンスクリット語の「知る」「目覚める」を意味する「ブドゥ(budh)」からきていて、「悟りを開いた人」「目覚めた人」のことをいいます。

今までに自ら悟りを開いてブッダになった人は28人いて、現在の宇宙では4人、その中で私たちが今「ブッダ」と呼んでいるのは、今から2500年ほど前に亡くなったゴッダーマのこと。菩提樹の下で瞑想して悟りを開いた話は聞いたことがあると思いますが、もともと釈迦族の王子だったので、日本ではブッダのことを「お釈迦様」とも呼んでいます。

――自ら悟りを開いた人のことを「ブッダ」と呼ぶのですね。

ブッダのように自力で悟りを開いた人のことを「プラプッタジャウ」。ブッダの教えに沿って悟りを開いた人を「アラハン」といいます。日本では「阿羅漢」といわれています。

ブッダもアラハンも、悟りを開いた人だけが行ける「ニッパン（涅槃）」という世界に死後は行くことができます。

――「ダルマ」とはどのような教えですか？

ダルマ（仏法）とは「法則」のことです。

『善なる行為をすれば、自分の行為によって自分が護られる。悪なる行為をすれば自分の行為によって罰を受ける』

これがダルマの法則。

俗世的にいえば「法律を守っている人は法律が守ってくれる。法律を破る人は法律に裁かれる」ということ。つまり「自分の行為は自分に返ってくる」というのがダルマの法則で、ダルマの基本的な教えです。

――すべては自分のせいで〝自業自得〟だということですね？

ブッダはダルマで「因果応報」を説きました。

「因果応報」とは、過去の行為が現在と未来に受け取る結果に繋がるということです。わかりやすく説明すれば「過去に善い行いをすれば、その善い行いは現在あるいは未来の自分に良いこととして返ってくる」ということ。

逆に「過去に悪い行いをすれば、その悪い行いは現在あるいは未来の自分に悪いこととして返ってくる」ということ。

たとえば過去に困った人を助けてあげれば、いずれ自分が困ったときには誰か助けてくれる。過去に人にお金を与えた人は、いずれ自分が与えてもらえるようになる。

過去に人の物を盗めば、今度は自分が盗まれるようになる。過去に人を殺せば、今度は自分が殺されるようになる。

このように過去の行為が自分に返ってくることを「因果応報」といいます。

――善い行いは良い結果になり、悪い行いは悪い結果に繋がるということですね。

因果応報の根本には自分の行為がどういう行為なのか、つまり善い行為なのか、悪い行為なのか、そのことが関係しています。

『この世はすべてカルマと徳分の法則でできている』

これがダルマの基本です。このことをまず理解する必要があります。

――「カルマ」と「徳分」とはどういうものですか？

カルマとは「悪い」行為のことです。正しくは「行為」をカルマといいますが、一般的には「悪い行為」を指して「カルマ」といいます。

徳分とは「善い」行為のことです。

わかりやすくいうと「＋」の行為か、「－」の行為かということ。

ただし、どちらも神々から見た「善い」「悪い」が基準になります。人間の常識や道徳は基準になりません。

――人間基準では〝善い行為〟でも神々基準では〝悪い行為〟になることもあるということですか？

その通りです。

たとえば、困っている人に手を差し伸べて助けてあげることは道徳的には〝善い行為〟ですが、これはあくまでも人間基準。神々の基準で見ると、人助けも〝悪い行為〟つまり「カルマ」になることがあります。

――なぜ人助けが「カルマ」という悪い行為になるのでしょう？

苦しむことでカルマ解消しているので、助けることはカルマ解消の邪魔をしていることになるからです。

人というのは誰もが過去につくったカルマを背負っています。そのカルマは、いつか必ず自分自身で解消しないといけません。そのカルマ解消が〝苦しみ〟という形で現れてくるのです。
つまり苦しいことや困ったことに出会うということは、カルマ解消しているということ。「自分の力でカルマ解消せよ」ということです。
それなのに横から出ていってカルマ解消の手助けをしてしまっては、解消されるはずのカルマが解消されません。人助けしているようで実は邪魔をしている。他人のカルマ解消の邪魔をすることは、手助けした人のカルマになってしまいます。

――神々からすれば、せっかくカルマ解消してるのに〝お節介〟だということですね。

このように人間基準では正しい行いでも、神基準では悪い行いということは多々あります。

――常識や道徳で判断できないとすると、どうやって「善い行為」か「悪い行為」か、判断すればいいでしょうか？

その基準となるのがダルマです。
ダルマというのは神々の基準、神々のルールだと考えてください。ダルマを学べば、カルマになるのか、徳分になるのか、つまり神基準で善い悪いが判断できるようになります。

カルマと徳分の法則を知り、その法則に沿って行動することで、人は良く生きることができます。

――つまり幸福な人生になるということですね？

ただし、一般的にいう「幸福」と、ダルマでいう「幸福」とは異なります。

たとえば、お金持ちになれば幸せかというと、それは違います。健康でどこも悪いところがないから幸せかというと、それも違います。人間基準の幸福は「欲を満たすこと」で幸福と思い、ダルマでいう幸福は「やがて苦しみのもととなる欲を捨てること」が幸福なのです。

人間基準でいう幸福と、ダルマ基準でいう幸福とは違うということです。これはダルマを学んで理解すればわかるようになります。

――人間基準と神基準って何だかちょっと難しそうですね。

ここではダルマの非常に重要なポイントである「この世はすべて、カルマと徳分の法則でできている」ということを覚えておいてください。

カルマとは、悪いことを行うと付加されるマイナスポイント。

徳分とは、善いことをすると加算されるプラスポイント。

そのように捉えてください。

プラスポイントとマイナスポイントの比率が自分の人生に大きな影響を与え、その結果で未来が決まるということです。

A.『「ダルマ」とは、ブッダの悟った絶対かつ普遍の真理のこと。「この世はすべてカルマと徳分の法則でできている」というブッダの教え。ダルマを学び、ダルマに沿って生きることで良い人生が送れるようになる』

すべての魂ある生命は生まれ変わる

Q.「カルマと徳分の法則」の他にもダルマを学ぶうえで知っておくべき重要なポイントはありますか？

「すべての魂ある生命は輪廻転生の輪の中にいる」

つまり、すべての魂ある生命は生まれ変わるということです。生まれては死に、死んではまた生まれ変わる。生まれ変わり、死に変わりを解脱するまで繰り返す。これが輪廻転生です。

——すべての魂ある生命ということは人間以外の動物や植物も生まれ変わるのですか？

輪廻転生というのは人間だけではありません。虫、魚、動物、それにスピリッツ（精霊）や神などの非物理的生命体も、すべてが輪廻転生の輪の中にいます。

ただし植物は魂がないので輪廻転生の輪の外にいます。

――神様も生まれ変わるのですか？

神様も生命体である以上は生まれ変わります。先ほどお話した〝徳分〟がなくなると、神々のいる世界から消滅して人間の世界へと生まれ変わります。

ただし、神が生まれ変わるまでの時間は、人間が生まれてから死ぬまでの時間と比べると遥かに長いので、人間基準で考えると〝無限（永遠）〟に近いと感じるほどの長い時間を神として存在することになります。

たとえば、〝テワダー神〟の一日は人間界の50年、神の寿命は５００年、人間界に換算すると９１２万５千年がテワダー神の寿命です。

――つまり、人間を含めたすべての生きとし生けるものは、生まれたり死んだり、また生まれたり死んだりをぐるぐると何回も繰り返しているというわけですね。

その通りです。それがダルマで説かれている輪廻転生です。

カルマと徳分の法則で触れた「過去の自分の行いが現在・未来の自分に返ってく

る」という因果応報も、過去の自分の行いが近い将来の自分に返ってくるというだけでなく、今世（今生きている）の自分の行いが、次に生まれ変わった来世の自分に返ってくることもあれば、過去世（生まれ変わる前）の自分の行いが今世の自分に返ってくることもあるということです。

わかりやすくいえば、今の自分の行いが死んだ後の自分や次に生まれ変わった自分に影響を及ぼすということ。そのことを意識して行動する必要があるということ。

それがダルマが説く輪廻転生です。

――生まれ変わるたびに、過去の自分の行いを引きずって生きるのは辛くて苦しい気がします。

ブッダは言いました。

『人生は苦である』

生きることは苦しみも楽しみもありますが、それは表面的に感じることで、ダルマでは実はその両方とも苦なのです。

楽しみを求めることで苦しみが生まれる。楽しみに執着することで悩みが生まれる。

だから生きることが辛くて苦しいのは当たり前です。
ただし、これを理解するにはブッダの叡智であるダルマを学ばないといけません。

――その苦から逃れる方法はないのでしょうか？ 輪廻転生の輪から抜け出すことはできないのですか？

ブッダのように悟りを開くことです。そうすれば輪廻転生の輪を外れて外の世界に行くことができます。

悟りを開いて輪廻転生の輪の外に出ることを「解脱（完全解脱）」といいます。
完全解脱した人が行く世界のことをパーリー語で「ニッパン」、日本語では「涅槃」、サンスクリット語や英語では「ニルバーナ（nirvana）」といいます。

――ニッパンに行けば輪廻転生から抜け出せるのですね。

ニッパン（涅槃）には悟りを開いた人だけが行くことができます。
ブッダやアラハン（阿羅漢）といった完全解脱した人がいる世界です。完全解脱してニッパンに行けば、あらゆる〝苦〟からも解放されます。それが、ニッパンという世界。一般的に「天国」と呼ばれている世界（テワダー）よりも、もっと上のほうに位置しています。

――生まれ変わりのない世界がニッパン（涅槃）なのですね？

ニッパンは〝完全解脱〟ですから生まれ変わりはありません。ですからお釈迦様の生まれ変わりというのはありえません。

――どうすれば悟りを開いてニッパンに行けるのでしょうか？

ダルマは、ひと言でいえば〝ニッパンへの道〟です。どうすればニッパンに行けるのかを説いているロードマップです。

そのために理解しなければいけないのが「カルマと徳分の法則」。良く生きるとは、いかにカルマをつくらず徳分を大きくするか。

そのことをまず理解することで、より良い人生を目指す第一歩となります。

――つまりダルマというのは、良い人生にするための教えであり、神基準のガイドラインのようなものですね。

ダルマは知るだけでは意味がありません。まず理解すること。そして実践すること。学んだことを活かして実践することが重要です。

ブッダの説いた仏教は宗教ではありません。いわば「良く生きるための科学」。「こうすれば良い人生を生きられるよ」という基準であり法則です。

ダルマを学び理解することで、人生観や生き方が変わります。生き方という行為が変われば結果も変わる。つまりダルマに沿った生き方をすれば、より良い人生になる。

そしてやがてダルマを理解し実践することで完全解脱すれば、〝ニッパン〟という一切の苦しみのない世界に行くことができるのです。

A.『魂あるすべての生命は〝生まれ変わり死に変わり〟を繰り返している。今世の自分の行いが、次に生まれ変わった来世の自分に返ってくることもあれば、過去世の自分の行いが今世の自分に返ってくることもある。輪廻転生の輪の中にいる限り、因果応報から抜け出せない』

ダルマは宗教でも信仰でもない
〝良く生きるための科学〟

Q. ブッダの説いた本来の仏教と現在信仰されている仏教とは違うのですか？

仏教が誕生したのは今から2600年ほど前。それだけの長い年月の間に、様々な国や人の手を経たことで、今の仏教はブッダが説いた本来の仏教とはだいぶ内容が変わってしまいました。

ブッダの本来の教えである本当の仏教のことを「上座部仏教（原始仏教・小乗仏教）」といいます。

この本来の仏教の上座部仏教が中国に伝わり「中国仏教（大乗仏教）」が生まれます。

この中国仏教（大乗仏教）が朝鮮半島の百済を経由にして日本に伝わり、日本仏教になったのです。

――中国仏教（大乗仏教）とはどういう仏教ですか？

中国仏教（大乗仏教）は簡単にいうと「本来の仏教を拡大解釈してできた」ものです。

大乗仏教が誕生したのは、お釈迦様が亡くなってから約８００年後。本来の仏教はカルマをつくらないために守るべき戒律が多いのですが、大乗仏教ではその時代に合わせて人々が受け入れやすいように教えの内容が変更されています。

いわば「薄められた仏教」といっていいでしょう。人間の都合に合わせて解釈した「創られた仏教」といえます。

――その〝薄められた仏教〟が日本に伝わってきたのですね？

つまり最初からオリジナルとは違う拡大解釈された仏教が伝わってきたのですから、日本には本当の仏教が伝わっていないということになります。

日本仏教には様々な宗派がありますが、たとえば、「〝南無阿弥陀仏〟と唱えれば、それだけで誰でも極楽浄土に行ける」という、まさに〝他力本願〟の教えです。

これはブッダの説いた「自ら悟りを開いて解脱してニッパンに行く」という本来の仏教とはまったく違うものです。

――確かに〝自力〟と〝他力〟では180度方向性が異なりますね。

一般の人にも広く知られている「般若心経」ですが、これも大乗仏教の中で誕生したといわれています。

この般若心経も本来の仏教にはありません。本来の仏教である、上座部仏教が残るタイの高僧に「般若心経を知っていますか」と聞いてみたところ、「知らない」と、答えが返ってきました。

このことからも日本仏教などの大乗仏教は本来の仏教とはかけ離れている、つまり〝本当の仏教〟ではないといえるでしょう。

――「仏教」と聞くと、現在日本で信仰されている〝●●教〟などの宗派を仏教だと思っていましたが〝本当の仏教〟ではなかったのですね。

あくまでもブッダの教えが「仏教」です。

たとえば日本の仏教には〝信者〟と呼ばれる、その宗派を信仰する信徒がいますが、ブッダの教えである本来の仏教を学ぶのに〝仏教徒〟である必要はまったくありません。誰でもダルマを学ぶことができます。

仏教とは〝生き方を学ぶ〟だけのこと。ブッダの教えは生き方についてであって、何を信仰しなさいとか、何を拝みなさいなどという教えは一切ありません。

だから本来の仏教は〝宗教〟ではありません。仏教徒になる必要はまったくありません。

――それが「ダルマは宗教ではない。良く生きるための科学」という所以ですね。

「ただ生き方を学びなさい」ということ。

ダルマを理解して最善の生き方を学ぶのが本来の仏教です。

その生き方とは「経済」と「健康」と「精神」という、この3つの生き方について学べということ。

本来のブッダの教えというのは生き方です。

だから仏教徒になる必要もない。信仰する必要もない。ただ正しく生きるために本当のことを学べということです。

――ブッダが説いた〝本当の教え〟がダルマだということですね？

ブッダが目指したものは人々が皆、悩みも苦しみもない世界に行くということ。

それがニッパン（涅槃）という世界。

そのブッダの教えは誰のための教えかというと、すべての人間に対する教え。

だから仏教徒であろうとなかろうと関係ない。誰もがダルマを学べばいい。

ダルマを学んで、正しい生き方をしたほうがいいということです。

――オリジナルの仏教であるダルマを学ぶことが、良い生き方をするための正しい道なのですね。

現在日本で信仰されている様々な宗派の仏教を学ぶことも否定はしません。しかしどうせ学ぶならオリジナルの本当の仏教を学ぶほうがより早く真理に近づけます。そのためにはブッダの説いたダルマを学ぶことです。

生きるプロセスを学ぶことがブッダの教え。

「どうしたら最善の生き方ができるのか」を知るためには、ブッダが説いた本来の教えであるダルマを学ぶことが必要なのです。

A.『本来の仏教とはブッダが説いた上座部仏教（原始仏教）のこと。その仏教が拡大解釈されて〝薄められた〟仏教が現在の仏教。良く生きるためには〝本当の仏教〟であるダルマを学ぶことが必要』

信じる必要がないのがダルマ、信じるのが宗教

Q.“ダルマ（仏法）と宗教との違いをもう少し教えてください”

人間のルールである法律では〝宗教法人〟と認められる、つまり、〝宗教〟として公に認められるためには「まず本尊があること」となっています。本尊があって、「人が集まる場所があること」「信者がいること」……こうした条件が揃って初めて〝宗教法人〟としての認可が下ります。これは人間が作った形式的なもの。人間のルールであって、神々のルールではありません。

それでは、神々のルールであるダルマから見た〝宗教〟とはどういうものなのか。何が宗教で何が宗教でないのか、その線引きはどこでされているのか。

ひと言でいえば「信じること」が宗教。

「信じることではない」ものがダルマ。

――信じるものではない、つまり「信じないもの」がダルマだということですか？

「信じる」の反対は「信じない」ではありません。
「信じる」の反対は「理解すること」「認識できること」。
たとえば「神を信じる」というのは宗教。「神を理解する」「神を認識する」というのがダルマです。

――「信じる」と「理解する」「認識する」の違いをもう少し教えてください。

「信じる」ということは知らないということ。〝無知〟だということです。
事実を知らないから「信じる」という行為が生まれます。無知だから信じる必要がある。事実を知っていたら信じる必要はありません。そこに歴然とした事実があるのですから認識して理解すればいい。
ダルマは理解するもの。理解することは宗教ではない。それが宗教とダルマの違いです。

――ダルマでは「神を信じなさい」という教えもないということですか?

ありません。たとえばキリスト教やイスラム教では「神が人間をつくった」「神を信じよ」という教えがありますが、ブッダはそんなことを言ったことは一度もありません。神どころか、「何かを信じなさい」という教えはダルマには一切ありません。

――では何を信じればいいのでしょうか? ブッダを信じればいいのですか?

「信じる」という行為自体が必要ありません。なぜならば、信じるということは〝無知〟だからです。事実を認識して理解すれば無知ではなくなります。

ダルマでは『無知は捨て去るべき煩悩の根本のもの』とあるように、無知ということ自体が煩悩を生み、カルマをつくる原因になります。あらゆるカルマは無知からやってくるのです。つまり「信じる」という行為はダルマに沿った生き方ではないということです。

――キリスト教では「信じる者は救われる」といわれますが、ダルマでは「信じる者は無知」ということですね。

たとえば相手を信じてお金を貸したときに「ちゃんと返してくれましたか?」ということを考えてみてください。

たいてい返してくれないものです。もちろん中には返してくれる人もいるし、こちらから催促してようやく返してくれる人もいるでしょう。でも、相手を信じて貸した場合には、なかなか返してくれずに「裏切られた」と感じることが多いのではないでしょうか。

相手を信じて貸すという行為は〝無知〟だということ。「信じる者は救われない」ということ。

しかしこれが相手の状況を認識して、相手のことをしっかりと理解できていれば、「この人にお金を貸していいのか、貸さないほうがいいのか」の判断ができるので、貸したお金が返ってこないということはまず起こりません。

これは相手を理解するということです。理解することは信じることではありません。理解しているので正しい判断ができる。道を間違えないということです。

――信じてはいけない、理解しろと。

ブッダは死ぬときに『自灯明、法灯明、自分自身を拠り所、ダルマを拠り所にしなさい』と言いました。

他の宗教のように「神に頼れ」とも「本尊に頼れ」とも言っていません。むしろ、神様や仏像に頼るのは間違いだと言っているのです。自らが語って残されたダルマ、「これを軸にせよ」ということです。

信じることが宗教。理解することは宗教ではない。だから、ブッダが説いた本来の仏教は宗教ではありません。

ブッダは「ダルマを信じよ」とは言いません。「ダルマを理解しなさい。わかるようになりなさい」と言います。「ダルマをわかるようになることが大事なんだよ」と。

――ダルマを理解したうえでダルマを軸にした生き方をしなさいということですね。

わかるようになるということは、無知ではなくなるということ。無知でなくなれば煩悩が消えてカルマもつくらないような生き方ができるということです。

「ダルマに基準を合わせて判断しなさい」

それがダルマを理解して実践していくということ。

――すべてはダルマ基準で判断して生きていけば良く生きられるのですね。

仏教は宗教ではありません。悟りを開いたブッダの叡智である、ダルマに基づいた生き方、考え方を学ぶこと。

その意味ではダルマは人生科学。良い人生を生きるための普遍的な法則。ダルマを理解すれば、自分の人格を向上させていくことに繋がります。

ダルマは信じるものではありません。深く理解することで、正しく生きていくための判断基準となるものです。

A.『宗教とは信じるもの。信じるとは無知だということ。ダルマは信じるものではない。事実を認識して理解するもの。だからダルマは宗教ではない。正しく生きるための科学であり法則』

ダルマはブッダの成功哲学

Q. 空海の教えとブッダの教えは何が違うのですか？
ダルマを学べば空海の教えは必要ありませんか？

神々の叡智を「ヴェーダ」といいますが、そのヴェーダよりもさらに上に存在するのがブッダの教えであるダルマです。

ダルマとは神々でさえも学びたいと願う〝最高峰の叡智〟だということです。

神々の教えたマントラと、ブッダの教えたマントラは違うものです。

神々でさえ、さらに上の存在である（ニッパンにいる）ブッダのマントラを聴きたいのです。それだけブッダの言葉は貴重だということです。

――だからダルマを学べということですね。

現在日本で信仰されている様々な宗派を学ぶことももちろん大事でしょう。しかし本当の学びを得たいのであれば、最初からダルマを学び、ダルマを軸とした生き方を行うほうが、回り道せずにより良い生き方に早くたどり着けるということです。

だからといって空海の教えが100%必要ないかといえば、そういうわけではありません。むしろ現代を生きる私たちにとって空海の教えも必要です。

――必要とはどういう意味ですか？

「欲望」についての考え方です。

ブッダは三大煩悩『貪瞋痴《とんじんち》』として欲望を否定しました。

一方、空海は『煩悩即菩提』として欲望を肯定しました。

この「欲望」というものは、仏教においては重要なキーワードです。

つまり、欲望という煩悩が人間の執着を生み、その結果カルマをつくり、苦しみや悩みをもたらすからです。

わかりやすくいえば、「欲望をなくすことで人は苦しみから解放される」ということ。

その「欲望」を空海は肯定し、ブッダは否定した。


――なぜ空海は〝欲望〟を肯定したのですか？


「欲しければ手に入れよ。手に入《い》ればいらなくなる」というのが空海の考え方。

つまり欲望を否定せずに、欲しいものを手に入れることで「欲しい」という煩悩を落とすのです。逆に手に入らなければ、いつまでも「欲しい」と思う心が残り続けてしまいます。それでは「欲しい」という煩悩が消えることはありません。


――確かに欲しいものを手に入れてしまえば、それを欲しいという思いは消えますね。


「思う」ことも〝行為〟です。

「思うこと、言うこと、行動すること」

この3つが行為。思うだけでもカルマになってしまう。

この「思う」という行為を放棄させるには、欲しいものを手に入れればいい。

それが空海のやり方です。

現代を生きる私たちは、最初から欲望を否定されてしまうと、ダルマを学ぶことは難しくなるでしょう。しかし空海のやり方であれば受け入れやすくなります。ただしダルマをはじめから理解できる人は、空海の方法は必要ありません。

――最初から「欲望は捨てろ」と言われても、現代人にとってはハードルが高すぎて「無理だ」と学ぶこと自体をやめてしまうかもしれませんね。

そこで現代を生きる私たちに必要な仏教が「空海＋ブッダ」の教えです。空海を〝入口〟とし、ブッダを〝出口〟とするのです。

――「空海を入口にしてブッダを出口にする」とはどういう意味でしょうか？

まず欲望を肯定しましょう。「お金持ちになりたい」という欲望があれば、徹底的にお金持ちになればいい。人に与えられるぐらいのお金持ちになればいい。

たとえば１００億円持っていたとします。「何でも買える。いつでも手に入る」と思うと、欲しくなくなるものです。豊かになればなるほど欲しいものが減る。貧しくなればなるほど欲しいものが増える。人間の欲望とはそういうものです。

そうであるならば豊かになればいい。経済力をつければいい。

そうすれば煩悩が減る。それが空海のやり方。

現実的に考えて、今の時代はお金に困らないようにすることは必要でしょう。

経済的に余裕がなければダルマを学ぶこともできません。その意味では、経済的に豊かになることは決して悪いことではありません。悪いどころか経済的に豊かになって、ダルマを学ぶ、人に与える、そういった行為は善い行為となり徳分となります。


――お金持ちになること自体は悪い行為ではないのですね。


大事なのは、豊かになればなるほど欲しいものが減っていくことに気づくことです。

たとえば10代や20代の頃、欲しいものがいっぱいあったでしょう。「オシャレな服が欲しい」「車が欲しい」「恋人が欲しい」「お金が欲しい」……あれもこれも欲しいものがたくさんあったのではないでしょうか。それが年を取るにつれて欲しいものが減ってきたでしょう。昔よりも欲しいものが減って、逆にいらないものが増えた。

そう感じませんか?それが成長です。

――言われてみれば確かにそうですね。

それは欲望を肯定し、成長して欲望を捨てられるようになったからです。最初から欲望を否定したら、「欲しい」という気持ちがずっと消えずに、いつまでも「欲しい」という欲望が残ってしまう可能性があります。

でも欲しいものを手に入れたら、もう欲しくない。それは、もう持っているから。欲しいと思っていた洋服でも、同じものを5枚も6枚も欲しいですか？　いらないでしょう。それと同じで豊かになればなるほど欲しいものが減って、いらないものが増えていく。つまり欲望が小さくなるということです。それを最初から欲望を否定して「〝欲しい〟と思う行為はダメ」としたら、ずっと欲望が残ってしまいます。

――「ダメだ」と否定されると、「やりたくなる」「欲しくなる」。欲望とはそういうものだということですね。

だから空海を入口にしてブッダを出口にする。

入口は欲しいものを手に入れること。出口はいらないものを増やすこと。

『煩悩即菩提』

この空海の言葉の意味は「煩悩が悟りに向かう。欲望の数だけ悟りがある」ということ。

入口として欲望を肯定した空海の教えを学び、最終的には欲望をなくしてブッダの教えという出口へ向かうのであれば、誰でも学ぶことはできるでしょう。

「空海の教え（欲望肯定）＋ブッダの教え（欲望否定）＝生き方の教え」

これこそが、現在を生きる私たちの様々な問題を解決できる生き方の教えであり、現代人にとって必要なブッダの成功哲学といえます。

A.『最初から欲望を否定したら「欲しい」という気持ちがずっと残ってしまう可能性がある。欲望をなくすためには欲望を肯定した空海の教えを学び、最終的には欲望をなくしてブッダの教えという出口へ向かうこと。空海を入口にしてブッダを出口にせよ。これがこれからの時代の成功哲学』

コラム 1

ブッダとは

悟りを開き「ブッダ」となったお釈迦様

「ブッダ」と聞くと誰のことだと思いますか?

おそらく歴史を習ったことがある誰しもが「お釈迦様(ゴータマ・シッダールタ)」のことを思い浮かべるでしょう。

シャーキヤ(釈迦)族の国王の息子として生まれたお釈迦様(ゴータマ)は何不自由ない生活を送っていましたが、心の中では常に悩みを抱えていました。

それはすべての人が直面する「生老病死」という、生きること・老いること・病気になること・死ぬこと…「この4つの苦しみから人々を解放できないか」という悩みです。

人々を生きる苦しみから解放するための悟りを得たいと考えたお釈迦様は29歳のときに出家し、6年間にわたって苦行を続けたものの悟りを開けずにいました。

その後、お釈迦様は苦行を放棄して瞑想に入ります。そして瞑想を続けた末、ついに、悟りを開いたのです。このときお釈迦様は35歳でした。

「ブッダ」とは、もともとはサンスクリット語で「真理、本質を悟った人」「目覚めた者」という意味です。瞑想によって悟りを開き、絶対的かつ普遍的な真理（神々のルール）であるダルマ（仏法）の教えを説いたお釈迦様は「ブッダ」となったのです。

お釈迦様のように〝自分の力で悟りを開きブッダになった人〟のことを「プラプッタジャウ」と呼びます。

お釈迦様がブッダになった道に従って悟りを開いた人（お釈迦様の教えで悟った人）のことを「アラハン」。日本では「阿羅漢」といわれます。

お釈迦様は80歳で亡くなるまでの約45年間、ブッダとして人々にダルマを説き続けました。

28人のブッダ

実はブッダはお釈迦様（ゴータマ）一人だけではありません。

今までに自力で悟りを開いたプラプッタジャウは、過去の宇宙を含めるとお釈迦様を含めて28人。〝28人のプラプッタジャウ〟がいました。

1. プラッタンハンコーンプラプッタジャウ

（以下もすべて最後にプラプッタジャウがつきます）

2. プラッメータンコーン
3. プラッティーパンコーン
4. プラッアッタタッシー
5. プラッゴータンヤ
6. プラッサラナゴードム
7. プラッスッモン
8. プラッレーワッタ
9. プラッソーピタ
10. プラッアッノーマッタッシー
11. プラッパッドゥン
12. プラッタッナーラ
13. プラッパットゥムッタラ
14. プラッスッメー
15. プラッスッチャータ
16. プラッパッティーヤタッシー
17. プラッマンカラ
18. プラッタンマタッシー
19. プラッシッタッタ
20. プラッティッサ
21. プラップッサ
22. プラッウィッパシー
23. プラッシッキー

24. プラッウェーサックー
25. プラッガックサンタ
26. プラッゴーナーカッマナ
27. プラッガッサパ
28. プラッゴータマ

※すべてパーリー語の名前（パーリー語とは古代インドの言葉で上座部仏教の経典や儀式に用いられる）

ここに名前がある28人がすべてプラプッタジャウ、すなわちブッダです。

28番目の「プラッゴータマ プラプッタジャウ」がお釈迦様。

つまり現在までの最後のブッダです。

そしてお釈迦様は、今私たちがいる宇宙で4番目のブッダ。

お釈迦様以前に、プラッガックサンタ、プラッゴーナーカッマナ、プラッガッサパ…3人のプラプッタジャウ（ブッダ）がいました。

次に現れる5人目のブッダ

「私たちがいる宇宙」といいましたが、今の宇宙の前にもたくさんの宇宙がありました。宇宙は誕生と消滅を繰り返しています。

一つの宇宙の寿命（1カップ）は、10の160乗年。それが宇宙が生まれて消滅するまでの時間です。現在の数学的、物理的な単位にはそんな単位は存在しません。それほど長い時間ということです。

宇宙のことを「ジャガワーン」といいますが、今までに宇宙は10万回以上も誕生と消滅を繰り返しています。その中の一つが今私たちがいるこの宇宙です。

1カップ（宇宙の存在する時間）の1／4を「アソンカイ」と呼びますが、現在は4／4アソンカイ。つまり今の宇宙は終わりに近づいているということになります。

現在、私たちがいる宇宙の他にも、6つの宇宙が存在しています。全部で7つの宇宙がありますが、それぞれ別々に存在していてお互いに行き来したりすることはできません。

7つの宇宙を統合している神の名は「パウマハープロム」。

私たちが住んでいるこの宇宙の名前は「チョンプータウウィー」。その広さは140億光年先まであるといいます。空海は、私たちの宇宙を創った神を「大日如来」と呼びました。

今まで10万回以上もの宇宙があって、ブッダは28人しかいないということは、ブッダがいない宇宙もあったということです。むしろブッダがいない、すなわちダルマのない世界のほうが圧倒的に多いのです。そのうちの4人もブッダが現れた宇宙にいる私たちは奇跡といってもいいでしょう。

この宇宙にはすでに4人のブッダが現れていますが、もう一人、5人目のブッダが現れます。

そのブッダの名前は「プラシーアリアメートライ」。

お釈迦様の次のブッダで、29人目のブッダです。

お釈迦様が亡くなって5000年後、つまり今から約2500年以降にはダルマが滅び、仏教のない世界になるといわれ、その暗黒の時代にプラシーアリアメートライが現れて悟りを開きブッダになるといわれています。

現在プラシーアリアメートライは神々の世界にいて神々に説法しておられます。

ブッダ最後の言葉

ここでお話ししていることは、経典にもどこにも書かれていません。仏教の専門家も知らなければ、仏教大学でも教えていません。

ブッダが28人いることも、宇宙が10万回以上も生まれては消えていることもほとんどの人は知りません。

ではなぜそんな誰も知らないようなことを知っているのか？

普通に考えれば信じられないような不思議なことを知っているのか？

それはアラハン（ブッダの教えの道に従って悟りを開いた人）が知っているからです。これらの事実はすべてアラハンレベルである私の師から聞いたものです。

本来ならばニッパンに行けるにもかかわらず、現世に残っているアラハンレベルの人がいるのです。

悟りを開いたアラハンは〝第三の目〟といわれるJ－T（ジッ）を通して、意識の世界でブッダと直接話をすることができます。アラハンはブッダの言葉を一字一句たがわずにすべて覚えています。

そのアラハンレベルの師が教えてくれたものです。

何も知らない人が聞けば「本当にそんなことあるの!?」「信じられない」と荒唐無稽なスピリチュアルの世界の創り話に聞こえるでしょう。

しかしこれらのことは事実です。

疑う余地のない真実なのです。

信じる信じないではなくて、理解することができるか、認識することができるか、それだけのことなのです。

この本を通じてダルマを学び、輪廻転生による〝生まれ変わり死に変わり〟という普遍的な真理を理解して認識できれば、今ここでお伝えした内容も本当のことだと理解できるでしょう。

お釈迦様は亡くなる前に弟子たちにこう告げました。


『比丘（びく・修行僧のこと）たちよ!

これが私の最後の言葉である。

条件付けられ、作り上げられた物はすべて朽ち果て崩壊する性質を持つ。

弛まぬ気づきにより輪廻からの解脱を目指して勤勉に努力しなさい』

これがブッダの最後の言葉。
今この本を読んでいるということは、ダルマを学ぶ権利があるということです。
そうであるならばダルマを学んで正しく生きるほうがいい。
ダルマのない世界ではそれもできません。
良く生きるための軸となる法則であるダルマがある今に生きている私たちは、
それだけ奇跡的な存在だということです。

第2章

ブッダの成功哲学
「カルマと徳分の法則」

人生の成功と失敗、幸福と不幸はすべて「カルマと徳分の法則」で説明できる

Q. カルマと徳分の法則の「カルマ」について教えてください

「カルマ」とは、神々から見た「悪い行為」のことです。

「悪い行為」といっても、人間の常識や道徳は基準になりません。たとえ人間の常識や道徳の規準では「善い行為」であったとしても、神々基準であるダルマから見れば「悪い行為」つまり「カルマ」になることもあります。

――どんな行為がカルマをつくるのですか？

カルマをつくる行為を「不善行為」といいます。カルマをつくり、邪悪な苦の結果をもたらす行為が不善行為。その結果として、現世でも、来世でも、いろいろな不幸に

出会います。

——どのような行為が「不善行為」になるでしょう？

不善行為には「身体」「言葉」「心」の３つの行為があります。

「身体による３つのカルマとなる行為」

・生命あるものを傷つけたり殺したりする行為
・自分に与えられていないものを奪う行為
・欲による性行為

「言葉による４つのカルマとなる行為」

・人を陥れ、自分を守るために嘘をつくこと
・友人や仲間を仲違いさせること
・下品な言葉、人を恐怖に陥れる言葉

・誰のためにもならない噂話や無駄話

「心による3つのカルマとなる行為」
・貪欲
・悪意
・誤った見方、考え方

カルマは行動でもつくり、言葉でもつくり、心でもつくります。そしてこの3つが一緒になってカルマをつくったとき、より大きなカルマとなります。

――**行動、言葉、心のどれでもカルマをつくってしまうのですね。**

心についてもう少し詳しくいうと「10のカルマとなる煩悩」があります。

「〝欲しい欲しい〟と思うこと」（ローパァ）

「人を恨むこと、怒ってやり返すこと」（トォーサ）
「間違った考えをすること」（モーハァ）
「人と自分を比較すること」（マァナ）
「良いことを悪く思い、悪いことを良いと思うこと」（ティッティッ）
「迷うこと。先入観を持つこと」（ウィディキッチャー）
「何もないのに引きこもること」（ティナ）
「〝これでないとダメ〟と決めつけること」（ウッタッチャアー）
「恥知らずなこと。恥ずかしいことがわからないこと」（アヒリッガ）
「平気で悪いことができること」（アノーサタッパ）

これらの煩悩はカルマをつくる原因となります。
カルマの中心は「欲望」と「執着」でつくられているのです。

――「欲しい」と思うことはいけないのですか？

「欲しい欲しい」と強く思うことは欲望ですからカルマをつくります。とはいえ何でもかんでも欲しいと思ってはいけないというわけではなくて、必要なものは欲しいと思っても構いません。

必要か欲望かということ。それが大事なポイントです。

――「人を恨んだり、怒ってやり返してはいけない」というのは、人に嫌がらせをされたり攻撃されたりしても黙って我慢しろということですか？

嫌がらせや攻撃から自分を守る、プロテクトすることはしても構いません。大事なのは「やり返さない」ということ。「目には目を。歯には歯を」でやり返すと、またやり返されて、その繰り返しになり無間地獄になります。

人から攻撃されるというのは自分の〝カルマ解消〟になっているのです。恨んだり、怒ってやり返したりせずに、「ああこれはカルマ解消しているんだな」と思えばいい。恨んだり、やり返したりすれば、また新たなカルマをつくることになってしまいます。

――「人と比較すること」もいけないのですか？

比較することで苦しみをつくります。それはカルマになります。自分と他人を一切比較しないことです。

相手と自分を比較して「自分のほうが優れている」と優越感に浸るのもカルマになりますが、自分を卑下することもカルマになります。「どうせ自分は」とか「自分はつまらない人間だ」などと思うことはいけません。もちろん相手に対して、「お前はつまらない人間だ」などと言うこともカルマをつくります。

自分を卑下して「どうせ」と投げやりになることはカルマです。人と比較せずに、自分という人間が成長していけばいいのです。

――「迷うこと」もいけませんか？

迷うこと自体がカルマです。迷うというのは欲があるから。欲がなければ、すぐに判断できるはず。できるだけ迷わないようにしたほうがいいのです。

――振り返ってみると知らないうちに様々なカルマをつくっている気がします。

人は気づかないうちに、カルマという最大の障害を自分でつくっているのです。

すべての不幸は基本的には自滅です。誰のせいでもない、自分のせい。きっかけが相手にあったとしても、それも自分のカルマが引き寄せているのです。

――不幸の原因は、すべて自分のせいなのですか？

何か不幸なことが起きると、「何で自分だけ」とか「何も悪いことしてないのに」と思うでしょうが、それは無知。〝知らない〟ということがカルマをつくっているのです。神基準ではなく人間基準で考えていること自体がカルマをつくっていることに気づかないといけません。すべてが因果応報。不幸の原因は自分自身にあります。

――「そこまで悪いことをしていないのに、何でこんな目に遭うの」と身に覚えのない理不尽な不幸が起きる人もいますよね？

おそらくほとんどの人は「生まれてからそこまで悪いことをしてません」と思うかもしれません。しかし、行為は現世だけでなく過去世からの行為も繋がっています。

人は生まれながらにして過去世のカルマを背負って生まれてきているのです。

今世の行為だけが今の人生の結果を作っているのではありません。前世、そのまた前の前世、いくつもの過去世の行為が、今の人生の設計図（宿命）をつくり、今世の行為が設計図を形にして、それが運命となります。

つまり「過去世の行為（カルマ）＋今世の行為（カルマ）＝自分のカルマ」となり、将来の自分に運命として現れてくることになります。

――自分が覚えていない過去世のカルマまで受け取らないといけないのですか？

過去世の行為は魂の中に記憶されています。そのカルマは必ず解消しないといけません。

カルマ解消とは過去に起こした悪い行為を弁償すること。借金を返すようなものです。たとえば人殺しをしたら刑務所に入って罪を償うのと同じ。苦しみは悪い行いをした結果として現れるのです。それがカルマ解消の本質です。

――カルマ解消は必ずしないといけませんか？

どんな形であれ、カルマ解消は必ずやってきます。すべての結果は、自分の行った行為の結果であり、その結果を受け取るのは自分です。不善行為によって得た楽しみは、やがて苦しみとして現れることになります。それがカルマの法則です。

苦しいことや困ったこと、不幸な出来事が、自分の身に起きたときには、「ああ、これは今カルマ解消をしているんだ」と思えばいいのです。

カルマ解消とは償いをすることです。


――カルマ解消とは過去の自分の悪い行為を償うことなのですね。


カルマは不幸という形で現れます。不幸な人生にしたくないなら、できるだけカルマをつくらないこと。自分の行為は必ず将来の自分に返ってきます。

良い人生にしたいなら、ダルマを学び、カルマの法則を理解し実践すること。

その結果、幸福な未来が訪れます。

A.『「カルマ」とは神々から見た「悪い行為」。自分がつくったカルマは不幸という形で必ず自分が受け取ることになる。カルマ解消とは過去の自分の悪い行為を償うこと。良い人生にするためには、できるだけカルマをつくらないことが重要』

人は誰でも過去世のカルマを背負って生まれる
修行とはカルマを先取りして解消すること

Q. ”過去のカルマが自分に返ってくるのであれば、どうすればカルマを減らすことができますか？“

人生は「カルマと徳分の法則」に基づいていることはすでにお話ししました。

カルマとはわかりやすくいえば「マイナスポイント」。

徳分とは「プラスポイント」。

このマイナスポイント（カルマ）と、プラスポイント（徳分）の割合で見たとき、当然ですがプラスポイント（徳分）が大きいほうがいいわけです。

「人生＝徳分＋カルマ」

人生はこの方程式で成り立っています。徳分とカルマの差でどのような人生を送るかが決まります。

つまり良い一生を送るためには、できるだけ徳分を積んで、カルマを解消する必要があります。

——徳分を積む善い行為をすれば、カルマは減るのですか？

徳分が大きくなったからといってカルマが減るわけではありません。盗んだものを返しても罪はなくならないように、徳分を積んだからといってカルマ自体が減ることはありません。しかし、徳分が大きくなることで、結果としてカルマの占める割合が減ることになります。

円グラフで考えてみればわかりますが、円グラフの中で一方の占める割合（部分）が大きくなれば、もう一方の割合（部分）は小さくなります。つまり比率が変わるということ。

徳分とカルマも同じことで、全体に占める徳分の大きさが増えれば必然的にカルマの占める割合は小さくなります。

——人生を円グラフとして考えた場合に、徳分が大きくなれば、その分カルマの占める割合は減るわけですね。

「人生＝徳分＋カルマ」であるならば、最善なのは〝徳分を増やしてカルマを減らす〟こと。

徳分を増やすだけでなく、同時にカルマを減らしていけば、さらに、徳分の割合が大きくなって、より良い人生を送ることができるようになります。

——確かにプラスポイントを増やすだけでなく、同時にマイナスポイントを減らすことができれば、よりプラスポイントの割合が大きくなりますね。

人間は生まれた瞬間から、過去世のカルマを背負って生まれてきます。これは誰もが避けることができない宿命です。その過去世から引きずったカルマがなくならない限り、死んでもまたそのカルマを背負うことになり、一生苦しみから逃れることができません。

――カルマが人生に与える影響は大きいのですね。

カルマは人生最大の障害となります。

カルマはいつ現れるのかわかりません。1ヵ月後か、3年後か、10年後か、あるいは来世かもしれない。

でも確実なことは、カルマは必ず現れるということ。自分の行ったどんな行為も、その結果は因果応報で将来自分に返ってくる。

悪い行為は悪い結果として自分に現れる。そうして苦しい思いをすることで、過去の自分がつくったカルマ解消に繋がります。

――いつカルマが自分に振りかかるのかはわからないけれど、いずれ強制的にカルマ解消させられるということですか？

運命はプラグラムされています。

「運命」というのは「カルマ解消がいつなのか」ということです。

カルマ解消がやってくる時期も、どのように解消するのかも運命です。

自分で決めることはできません。

人は自分の人生を自分で決めているようで決めていません。自分の意志にかかわらず、カルマの法則によってレールは敷かれているのです。カルマによる行為の結果を変えることができる人はいません。

そしてそれがどんな形でいつ現れるのか。病気になって解消するのか、事故に遭って解消するのか、仕事に失敗して解消するのか、詐欺に遭ってお金を取られて解消するのか、あるいは死んで解消するのか。

——どんな目に遭うのかわからないって恐ろしいですね…。

いきなりドカンと大きなカルマ解消がやってきたら大変です。

日常生活でもそうですが、いきなり大きな借金を返せと言われても返すことができません。でも少しずつでもいいから返せと言われれば、何とか工面しながら返していくことができるでしょう。カルマは過去世から引き継ぎ、さらに今世でも増えてしまった借金だと思ってください。

——いきなりカルマという大きな借金を返せと言われないためにはどうすればいいでしょう？

運命で定められたカルマ解消の時期が来る前に、自分から先取りしてカルマ解消をしてしまうのです。

ドカンと大きなカルマが来る前に、小出しにしてカルマを解消する。つまり積極的なカルマ解消です。

このカルマを先取りする行為を「修行」といいます。

修行とはカルマの先取りです。修行によってカルマを先取りして解消することで、運命に影響を与えることができます。

——その〝修行〟とはどんなものでしょうか？

修行には３つあります。

「シンハー（五戒）を守ること」

「サッティ（瞑想）すること」

「パンヤー（智慧）を働かせること」

これが修行の三段階です。日本の仏教的にいうと「戒定慧《かいじょうえ》」です。

――それぞれどういう意味があるのでしょうか？

「シンハー（五戒）を守る」というのは、ダルマにある戒律を実践すること。

「サッティ（瞑想）すること」は、気づきを得ること。

能力の開発と心の安定に繋がります。お釈迦様も瞑想から悟りを開いたように、仏教では重要な修行です。

「パンヤー（智慧）を働かせること」は、本質を知るということ。

この3つの中でもシンハーを守ることが修行の基礎となります。

――その「シンハー」とはどのようなものですか？　何を守ればいいのでしょうか？

シンハー（五戒）とは「守るべき5つの戒律」です。

「不殺生《ふせっしょう》」…魂のある生き物の生命を奪わない
「不偸盗《ふちゅうとう》」…他人の物を奪わない
「不邪淫《ふじゃいん》」…邪な男女の交わりはしない
「不妄語《ふもうご》」…嘘をつかない
「不飲酒《ふおんじゅ》」…酒は飲まない

この5つを「シンハー（五戒）」といいます。
まずはシンハーの5つを守れるように努力すること。
今までできていなくてもいい。これからです。今日からです。
今日からこの5つに挑戦してください。

——**まずはシンハーを意識して生活することですね。**

運命はプラグラムされています。しかし修行によってカルマを解消することで運命を変えることができます。

それは〝運命を再プログラミング〟するということ。

運命が変われば未来が変わる。

未来が変われば人生が変わる。

人生が変われば明るい将来になる。

償うべきカルマがなくなれば苦しみがない人生になります。

逆に償うべきカルマが大きければ残りの人生で苦しむことになります。

修行によってカルマを先取りして解消することで、より良い人生を送ることができるようになります。

A.『修行とは、カルマを先取りして解消すること、カルマをつくる身についた悪い習慣をなくすこと。カルマを解消するとは運命を変えること。運命が変われば未来も変わる。人生が変われば未来は明るくなる』

10の徳分を増す行為

Q.「徳分」について教えてください。どのような行為が徳分になるのですか？

「徳分」とは、神々から見た「善い行い」のことです。

「カルマ」と同様に、人間の常識や道徳は基準になりません。あくまでも、神基準であるダルマから見て「善い行為」を「徳分」といいます。

――どのような行為が「善い行い」になるのでしょうか？

徳分を生み出す行為の基本は〝与える〟ことです。

わかりやすくいえば「神聖な存在に喜んでもらうこと」「生命あるものすべてのためになること」「人に喜んでもらえること」など、他者のためになる行為を与える

（ギブする）ことが善い行いになります。

――〝他者のためになる行為〟が徳分の基本なのですね。

徳分ある行為のことを「善行為」といいます。

行為は身体（身・しん）、言語（口・く）、意識（意・こころ）という3つを通して行われます。善行為には「身体の行為」「言葉の行為」「心の行為」の3つの行為があります。

――「善行為」にはどのような行為がありますか？

徳分が生まれる「善行為」には次のようなものが挙げられます。

「身体による3つの徳分となる行為」

・いかなる生命も傷つけず、殺さない
・他人の財産を奪わない
・邪な性的行いをしない

「言葉による4つの徳分となる行為」
・人を陥れ、自分を守るための嘘をつかない
・仲違いさせる言葉を使わない
・相手を安心させる優しい言葉を使う
・無駄話をしない

「心による3つの徳分となる行為」
・深く考える、貪欲を捨てる
・悪意や邪悪な思いを抱かない
・正しく理解する（物事の本質を知る）

そして「10の徳分を増す行為」として次のような行為があります。

「与える」
「徳に沿った道を歩む」
「瞑想する」
「尊敬に値する人を尊敬する（社会的な基準ではなくダルマから見た尊敬に値する人）」
「他人の善行を支援し、助ける」
「他者に徳分を与える」
「他人の善行を見たり聞いたり知ったりしたら〝それは善い行いだ〟といって自分も随喜する（協力する、一緒にやってみる）」
「ブッダや師の教えをよく聴き学ぶ」
「学んだダルマを人に伝える」
「自分の見方、考え方を常に正す」

こうした行為が徳分を増す行為です。

――もう少しわかりやすく自分の行為が徳分になっているかどうか知る方法はありませんか？

一番わかりやすいのは、「自分の行動が他人や生命あるものを助けているのか」を確認してみることです。

自分のため、自分の利益のためだけではなく、他者や他の生命のために行動しているのかどうか。一日の終わりに振り返ってみてください。

「今日一日誰かの力になれただろうか」

「誰かの支えになれただろうか」

「自分の行為で誰か喜んでくれただろうか」

自分が誰かの役に立てたかどうか、それを毎日振り返ってみるといいでしょう。

そしてこう考えるようにしてみてください。

「人の力や支えになるためにはどうすればいいだろう」

これをいつも頭の中に置くようにしてください。

具体的に誰かを思い浮かべて「この人の役に立つにはどうすればいいだろう」と考えてもいい。身近にいる人に対して「この人のためになるにはどうすればいいだろう」と考えてもいい。とにかく人や生命あるもののためになるような、生きとし生けるものの役に立つような行動を取ろうと考えることです。それを続けることで、自然に徳分を積む思考をつくります。

最初は行動に移さなくてもいい。思うだけでも「行為」になります。そして思考は言動をつくります。人や生命あるものの役に立つ思考をすることで、やがて徳分を積む行動を実際にできるようになります。


――まず思考を変えることで、やがて徳分を積む行動ができるようになるのですね。


次のような行動も善行為になります。

「寄付をしているのか」

金額の大小は関係ありません。自分の所得に見合った金額でいいので、他者のために支援することは善行為です。

「ボランティアをした時間はどのくらいか」

何も本格的なボランティア団体などに参加して活動しなさいというわけではありません。たとえば町内や学校の清掃活動に参加してゴミ拾いをしたなどのボランティアでもいい。無償で人の役に立つ活動をすることが善行為になります。

「親孝行しているのか」

まず大前提として親と争ってはいけません。親を大切にすること。親が亡くなっているのであれば、ちゃんと供養できているのか。そして親の役に立つことができているのか。真の親孝行とはダルマの教えに沿って親を正しい道に導くことです。

「ダルマを学び続けているか」

ダルマを学び続けて正しい生き方をすることで徳分を積むことになります。

これらの行動も善行為で、徳分を積むための一つの目安となります。

――徳分を積む善行為の基本は〝誰かのため〟〝生命あるもののため〟という考え方なのですね。

徳分になる行為の基本は、その行為の動機が「他者のために」という〝利他心〟であり、〝与える〟という行動なのです。

つまり徳分となる行為とは、心に欲心、怒り、無知、羨望、嫉妬、執着などがないことです。それは利他心による行為。

利他心の反対は〝利己心〟。つまり「自分のために」という利己心に動機づけされた行為は徳分にはならないということです。

――行為の〝動機〟が大事なのですね？

あらゆるカルマも徳分も〝意志という心の働き〟によります。意志に基づいて〝言葉の行為〟と〝身体の行為〟があり、意志という心の働きが行為を動機づけているのです。

――〝意志＝心の働き〟が動機なのですね。

徳分を積むためには、すべての生命に対して慈しみの心を育てることです。

慈悲のことを「メーター（メッター）」といいますが、自分の中でメーター（慈悲）

が大きくなれば、自然に徳分を積む行為を行えるようになります。

――慈悲の心を育てるにはどうすればいいでしょうか？

「すべての生命がいつも元気で幸せでありますように」

こうした言葉を毎日口に出して唱えるのです。口に出すこと自体が徳分になります。自分の言葉を自分が聞くことで、自分が変わっていきます。そして自然にそういう行動を取るようになります。

一週間毎日唱えてみてください。口から出たものは行動になって現れてきます。

――言葉が自分を変えて、行動も変えるのですね。

現在の行為によって未来に受け取る結果は変わります。未来をつくるのは、現在の行為です。現在をつくっているのは過去の行為です。今、不運や不幸を感じているなら、その原因は過去にあることに気づくことです。

過去を変えることはできません。過ぎ去った過去に執着しても仕方ないのです。

大切なことは今から。これからどうするのか。

自分の思考を変えて徳分を積むことで、不運や不幸といった良くない状況を、良い方向に変えることができます。

カルマと徳分の法則とは、わかりやすくいえば「何が借金をつくるのか、何が利益になるのか」という損失と利益の法則です。運命を変えるにはカルマを解消して徳分を増やせばいい。

すべての行為の結果は、将来自分が受け取ることになります。

悪い行為はカルマとして、苦しみと病気、貧乏と不幸。

善い行為は徳分として、喜びと健康、富と幸福を未来に受け取ることになるでしょう。

善行為を実践する人は、結果として現世または来世でも幸福な人生を生きることができます。

——悪い行為を減らして善い行為を増やせば借金が減って利益が増えるということですね。

しかしお金のように差し引きはできないのがカルマと徳分の法則です。徳分が増えたらカルマが減るわけではありません。

そして一つ気をつけないといけないのは、「これをやったから徳分になる」などと思わないことです。徳分になるからやるのではなく、人のためになる、何かの役に立つからやるのです。その結果、徳分が増えることになる。最初から「徳分を増やしたい」などという邪な目的で行っても徳分にはなりません。

「これをやったらこうなりたい」などと思わず、ただ善い行為をし、徳を積むこと。ただ単にダルマを学んで善なる行為をして徳を積む人生を送ること。

それがシンプルで最も良い生き方なのです。

A.『徳分とは他者のために与える善行為。徳分を積むためには、すべての生命に対して慈しみの心を育てること。善行為によって徳分が大きくなれば、喜びと健康、富と幸福を未来に受け取ることになる』

親切は徳分、お節介はカルマ

Q. "具体的にはどんな行為がカルマになり、どんな行為が徳分になるのですか？"

カルマをつくらないとは「悪い行為をしない」こと。

徳分を積むとは「善い行為をする」ということ。

そして間違えてはいけないのが、善い悪いの基準が人間基準ではなく、ダルマに沿った神基準であること。

いくら善い行為をしたと思っていても、それが神基準では悪い行為となりカルマをつくってしまう場合もあるのです。

——どんな行為がカルマで、どんな行為が徳分なのか、その基準を教えてください。

たとえば次のようなケースはカルマとなるのか、徳分となるのか、どちらだと思いますか？

「無料で困った人の相談に乗る」

「無料で病気の治療をする」

——どちらも困っている人を助けるのですから善い行為で徳分になりますよね？

これはどちらもカルマになります。

人間基準では善い行為ですが、神基準のダルマでは悪い行為です。

——え、なぜですか？

困っている人の相談に乗ること、病気の治療をすること、それ自体は、善い行為でありカルマにはなりません。

問題は〝無料で行う〟ことです。

——なぜ〝無料〟がいけないのですか？お金を取らないほうがより良心的な行為に思えますが。

何か困っているとか病気になっているというのは、その人がカルマ解消しているということです。過去の自分の行いが自分に返ってきて、今その結果を受け取っているということ。

つまり自業自得、因果応報、自分のつくったカルマで自分が苦しんでいるのです。せっかくカルマ解消しているのに、無料で相談に乗ったり、治療して治す、という行為は、本人のカルマ解消する機会を奪ってしまう行為になります。

これは助けた人のカルマになってしまいます。

――ではどうすればいいのですか？

お金をもらって有料で行えばいいのです。

金額の大小は関係ありません。相手がお金を払うということが大事。病院にかかれば診察料がかかるように、ちゃんとお金をもらえばいいのです。お金をもらわずに、無料で診るからカルマになる。

その人が貧乏でお金がないなら、たとえ１００円でもいい、ほんの少しだけでもいいからお金をもらって診てあげる。

対価としてお金をもらえば、それは正しい医療行為で人のためになる行為です。それはカルマになりません。ただで病気を治してあげるから、他人のカルマ解消を勝手に邪魔したことになってカルマになるのです。

診てもらう人も、ただでカルマ解消の協力をしてもらうのではなく、お金を払うことでその人はカルマを解消することになります。その行為が必要なのです。


――お金を払う（もらう）ことで正しい医療行為となり、それは善行為だということですね。


それではこんな場合はどうでしょうか？

「お金に困っている人にお金を貸してあげる」

この場合は徳分になるのか、カルマになるのか。


――お金をあげるのではなく〝貸す〟のですから、人助けの徳分になるのでは？


これもカルマになります。

お金に困っているということは、過去世で行ったお金にまつわるカルマが、現在の自分に降りかかっているということ。

つまりお金のカルマを解消しているわけです。

その人に対して安易にお金を貸す行為は、そのカルマ解消の機会を邪魔することになるのでお金を貸した人のカルマとなります。


――ではどうすればいいのでしょう?


ただ単にお金を貸すというのは、本人の苦労なしに問題を解決してしまうことになります。

苦しみなしにカルマ解消はできません。つまりその人のカルマ解消の機会を奪うことになってしまいます。

困っている事情を聞いて、解決法や対処法をアドバイスしてあげるのはいい。

どうすればカルマ解消できるのか、徳分を積めるのかを教えてあげることです。

カルマ解消の邪魔をせずに、協力してあげることはカルマにはなりません。


――安易にお金を貸して助け船を出すのはカルマ解消の邪魔になるのですね。

お金を貸すことは、本来の意味で相手を助けることにはなりません。自分のカルマは自分が苦しんで解消しなければいけないのです。人のカルマ解消を邪魔すれば、自分のカルマとなり自分に返ってきます。

よくあるのが、善意でお金を貸してあげたのに、いつまでも返してくれないうえに、ちょっとでも催促しようものなら、貸した相手に自分の悪口を言われたりすること。

恩を仇で返されたように思うでしょうが、原因は自分にあります。

相手のカルマ解消の機会を奪ったことがカルマとなり、その結果が自分に悪意となって返ってきたということです。

これもカルマの法則。自業自得なのです。

すべては自分の行為が自分に返ってきているのです。

人間基準で「親切か不親切か」考えると親切な行為でも、実はダルマ基準では「お節介」になることもあります。人のカルマ解消の機会を奪うのはお節介な行為でカルマになる。

ダルマから見た徳分とは何か。

神から見て「魂の成長を助ける行為」のこと。

カルマとは何か。

神から見て「魂の成長を妨げる行為」のこと。

この真理をよく理解したうえで、自分の行為がカルマになるのか、徳分になるのか、判断することです。

すべては人間基準ではなく、ダルマ基準だということをしっかり理解してください。

A.『善行為か悪行為かの判断は「親切か不親切か」だけで考えてはいけない。人のカルマ解消の機会を奪う行為はお節介な行為で自分のカルマとなる。あくまでも判断基準はダルマ基準。神から見て「魂の成長を助ける行為」なのか「魂の成長を妨げる行為」なのか、それがカルマか徳分かの判断基準』

コラム 2

瞑想は薬

ブッダの瞑想「ヴィッパサナー瞑想」

ブッダの中心的な修行は「瞑想」です。

ブッダは瞑想によって悟りを開いたように、ダルマを学ぶうえにおいて「瞑想」は重要な要素であり、「瞑想」を理解することはブッダのダルマを理解することに繋がります。

気づきを得るために効果的なのが「瞑想」です。静かに自分の内面と向き合うことで、自分に気づきが起こり、物事の本質が見えてくるようになります。

瞑想にはいろいろな瞑想がありますが、ブッダが行った瞑想が「ヴィッパサナー瞑想」。

「ヴィッパサナー（観）」とは、すべての行為を観察すること。一つのことに意識を傾ける瞑想で、あらゆる瞑想はここから始まります。

ヴィッパサナー瞑想は、自分自身を客観的に観察し、「今、この瞬間の自分に気づく」ことを実践します。歩くとき、立つとき、その瞬間の自分の身体の動きに意識を集中し、その一つ一つの動作や感覚を認識することです。

最初のうちは妄想や雑念が多く湧いてきて、なかなか集中できないかもしれません。

最大の障害は自分自身の自我（エゴ）。自我はしゃべりたがります。黙っていてもしゃべっているのが自我。心（マインド）のおしゃべりこそ自我。心におしゃべりをやめさせることで自我は消え失せます。それが瞑想。

そのマスターキーとなるのが「観照」です。観照とは「偏見のない観察」。自分の心から湧いてくるおしゃべりをただただ目撃するのです。

「家の鍵閉め忘れてないかしら？」

「お腹が空いたからお昼は何食べよう？」

「今日はあの仕事をやらないといけない」

そういった様々なおしゃべりが湧いてきても、ただ観照する。

「こんなことじゃダメだ」などと思わずに、心の中のおしゃべりが湧いてくるままに黙って見ている。そして心の中から湧き起こる思考、欲望、記憶といったものが通り過ぎていくのを待つ。

判断せず、非難せず、口を挟まず、ただ眺めて見守り、冷静で静かであり続ける。

沈黙こそ瞑想の核心。偏見のない観察こそ瞑想の核心なのです。

「心（マインド）＝自分ではない」

つまり湧いてくるもの（おしゃべり）は自分ではない。それに気づいているのが自分。それを黙って見ているのが自分。最終的に自分という自分はいない。意識と心を分離すること。それが瞑想です。

もしも感情、いわゆる心が意識と一緒になっていると、自分が怒っていることすら気づきません。心を見ている自分（意識）がないから感情に支配されてしまう。

これが〝愚かさ〟の始まりです。

意識（自分）と心（自分ではない）を分離することで、感情をコントロールできるようになります。瞑想によってブッダの教え「心を制御せよ」ができるようになるのです。

成長していくとやがて「意識も自分ではない、自分とは概念であり、自分は存在しない」ということが瞑想によって理解できるようになります。

「マインドフルネス」ではなく「ノーマインド」が大切

瞑想には段階があります。

瞑想の第一歩は「身体」に気づき始めること。身体に意識を傾けてみましょう。

足、へそ、腹、内臓の一つ一つに意識を傾けて、どこかに痛みを感じるのか、どこに何か感じるところがあるのか。もし、痛みを感じるところがあれば、そこに問題があります。まず身体に気づくことが瞑想の第一歩です。

瞑想の第二歩は「思考」に気づき始めること。

瞑想していると、自然と自分の中に湧いてくる〝おしゃべり〟があります。黙っていてもしゃべっている。それは「妄想」。その妄想に気づくことが第二歩です。

瞑想の第三歩は「感覚、感情、気分」に気づき始めること。

気分が良い悪い。たとえば「何か今日は気分が悪いな」「何だか今日はイライラして落ち着かないな」と気づくことが第三歩です。

瞑想の第四歩は「覚醒させる究極の気づき」に対して気づくようになること。

たとえば自分の内面を観ている自分がいる、その内面を観ている自分を観ている自分がいる、その自分をさらに観ている自分がいる、さらにその自分を観ている自分がいる…というように、まるで合わせ鏡に何人もの自分が無限に映っているかのように、心（自分ではない）から離れた意識（自分）がいるようになるのです。

最終的に「自分」という概念も存在しないことがわかります。

この段階まで行くと瞑想がかなり進化していることになります。瞑想が深くなればなるほど、いろいろな気づきを得られるようになります。逆にいえば、気づきが少ない人は瞑想が進んでいない証拠。

瞑想というと、よくいわれているのが「マインドフルネス」。現在の瞬間に完全に集中し、その瞬間に起こっていることにすべての注意を向けること。それがマインドフルネス。

しかしそれはブッダの説く本来の瞑想ではありません。正しい瞑想は、マインドフルネスではなく「ノーマインド」。つまり心が無い状態。

では無心になる努力をすればいいのかというと、それも違います。

「無心になる」ということ自体が〝行為〟です。瞑想は行為ではありません。

瞑想は〝状態〟です。無心という〝空〟の状態であること。これが本来の正しい瞑想です。

瞑想習慣が自分の内側の本質を変える

瞑想は正しい方法で行わなければならないと難しく考えているかもしれませんが、特に身構える必要はありません。夜寝る前に、ベッドの上などの落ち着ける静かな場所に座って目を閉じ、ゆっくり呼吸を数えるだけでも瞑想状態に入ることができます。

黙って座って手に法界定印（最も基本的な手の組み方で、両手のひらを上に向け、左手を上にして重ね、両手で楕円形を作る。お釈迦様が悟りを開いたときの手の形）

を結び、足を組んで目を瞑っていることだけが瞑想ではありません。音楽を聴いていようと、街をふらっと歩いていようと、仕事中にふと窓の外を見ていようと、そこに気づきがあればそれは瞑想になります。瞑想とは「醒めて気づくこと」です。気づきをもって行うことが瞑想。気づきのないものは瞑想ではありません。

瞑想の種類によって定義にも違いがありますが、米国国立補完統合衛生センター（NCCIH）によると次のように定義されています。

「平穏と身体のリラクゼーションを高め、心理的バランスを改善し、病気に対処し、全体的な健康と幸福を高める目的で長年用いられてきた心身療法」

瞑想が心身に与える効果について、医学的、科学的に検証する研究が近年急速に進んでいます。瞑想状態に移行する際には、脳の反応が急激に大きくなることや集中と自律神経に関わる脳のシステムが活性化することなどが確認されており、瞑想が脳に与える影響が科学的根拠（エビデンス）をもとに示されるようになってきています。

瞑想に決まったスタイルはありません。自分が心を落ち着けて集中できる方法で行えばいいのです。大切なのは、毎日瞑想する習慣を生活に取り入れること。

瞑想を続けていると、気づきによって物事の本質を知ることで、一時の感情に振り回されることがなくなります。感情に支配されない自分へと近づくことで、いつも心穏やかに過ごせるようになり、その結果、人間としての質が向上し、カルマをつくる行為がなくなります。

ブッダは『法を見る者は我を見る、我を見る者は法を見る』と言いました。

つまりダルマを知ることは自分を知ることになる。自分を知ることはダルマを知ることになる。瞑想は自分を観照することであり、観照することでダルマを観照することになる。瞑想によってダルマが自分の中で動き始める。

つまり何をしたらカルマになり、何をしたら徳分になるのか、瞑想によってわかるようになり、自然にダルマに沿った生き方をするようになるということ。

気づくということは自分が成長すること。自分が成長するということは、人生が、良い方向に変わっていくということ。

知識を得ることは〝学び〟ではありません。知識とは〝外側〟を変えること。洋服をどれだけ変えても見た目が変わるだけで、自分自身は変わらないように、知識という外側を変えても内側の本質的な自分は何も変わりません。それでは意味がありません。

自分の本質、内側を変えるのが「瞑想」です。瞑想によって気づきを得ることで自分の内側が変わっていきます。瞑想を毎日続けることで、ダルマの本質を理解し実践するようになり、より良い人生へと変わっていくのです。

第3章

輪廻転生
～生まれ変わり、死に変わり～

カルマが大きければ人間以外の生命に生まれ変わる

Q. いわゆる〝生まれ変わり〟はあるのでしょうか？

人は生まれては死に、死んではまた生まれ、〝生まれ変わり、死に変わり〟を繰り返しています。

人間に限らず、魂を持つどんな生命も、〝生まれ変わり、死に変わり〟を、何度も何度も繰り返しているのです。

それがダルマで説かれている「輪廻転生」です。

――「すべての生命は輪廻の輪の中にある」というものですね。

輪廻の輪の外に出てニッパン（涅槃）の世界に行くには、すべてを悟り完全解脱したプラプッタジャウかアラハンになる以外に道はありません。それ以外は人間であれ、動物であれ、神であれ、輪廻の輪の中にいます。

つまり輪廻転生で〝生まれ変わり、死に変わり〟を繰り返すサイクルの中にいるということです。

――「死んで終わり」ではないということですね？

〝死んで終わり〟ではありません。

死ぬということは〝次に生まれる〟ということ。

死ぬというのは〝この世での時間切れ〟という意味で、今生（現世）が終わって、来世に向けて新たなスタートが切られたということです。

人生は一回だけではありません。映画にも続編があるように、人生にも生まれ変わりという続編があるのです。

――今の人生は長い映画の中の一つのパートということですか。

何度も何度も生まれ変わっている中の〝一つの生〟だということです。

わかりやすくいえば、「私（魂）」はずっと同じで、身体が異なって生まれる。魂が姿形を変えている。それが生まれ変わりです。

生まれ変わり死に変わりして、魂はずっと繋がっています。

――人間は死んだらまた人間に生まれ変わるのですか？

死んだからといって、また人間に生まれるわけではありません。むしろ人間として生まれてくる確率のほうが遥かに少ないといえます。

すべての生まれ変わり（輪廻転生）はカルマと徳分の法則に沿っています。過去世（前生）から〝カルマと徳分とバラミー（徳分の放つ光、影響力）〟という前生の残高を持って現在世（現生）に生まれ、現生からは現世で死んだときの残高（カルマと徳分とバラミー）を持って来世に生まれます。

現世で死んだときの残高によって、来世で人間として生まれてくるのか、動物なのか、魚なのか、虫なのか、あるいは神なのか、生まれ変わる先（世界）が決まるのです。次にどんな世界に生まれるかは現世の生き方にかかっています。

――カルマが大きければ人間以外の動物や虫に生まれるということでしょうか？

その通りです。

お釈迦様でさえ、何万回も虫となり、動物として生まれてきました。

ほとんどの人間は死ぬと地獄界や餓鬼界という世界に行き、そこでカルマ解消をした後に再び人間として生まれてくる人もいれば、動物（畜生界）や虫、魚などに生まれてくる人もいます。あるいは人間から直接動物に生まれ変わる場合もあります。

ただし人間に生まれ変われるものはほんの一握りしかいません。最近では魚に生まれ変わる人が多いようです。

――動物や虫や魚に生まれると、どういう来世が待っているのですか？

どういう来世になるかは輪廻の世界の法則である因果応報に基づいています。

たとえば現世で動物虐待をした人が来世で動物に生まれ変わったとしたら、今度は人間に虐待されるようになる。現世で魚釣りをして楽しんでいた人は、来世で魚になって人間に釣られたり、食べられたりして苦しみを味わうことになる。

その結果カルマ解消しているのです。これも輪廻の世界だということです。

——動物や虫や魚に生まれることでカルマ解消しているのですね。

動物や虫、魚に生まれた場合には、善い行いをするという徳分を積むことはできません。カルマ解消のみで一生を終えることになります。そして死んでまた地獄に行き、そしてまた生まれ変わってくる繰り返しなのです。

——人間以外は徳分を積むことができないのですか？

徳分を積む善行為とは「他者の役に立つ」「他の命あるもののためになる」、ひと言でいえば〝与える〟という行為です。この善行為を行うのは人間しかできません。動物や虫、魚ではできません。神々でさえも肉体がない非物理的存在なので徳分を積むことができません。

つまり今世に人間に生まれたということは千載一遇のチャンスを掴んだということ。人間でいる間に徳分をできるだけたくさん積んで、できる限りカルマ解消をして、可能な限りダルマに沿った正しい生き方をすること。

カルマ解消をし、徳分を積むことで、最低でも来世で人間に生まれ変われるように努力することが大事です。

――なぜ同じ魂なのに生まれ変わったときに前世の記憶がないのですか？

死ぬと前世の記憶が隠されてしまいます。

なぜ隠されるのかというと、魂が学ぶためです。

たとえば数学の勉強でも最初から答えがわかっていると改めて勉強しようとは思わないでしょう。それと同じで「苦しみによってカルマ解消する」という事実を魂が覚えていると、何か苦しい場面に出会ったとしても、すでにそれが「カルマ解消のため」だと知っているから苦しみを苦しみとして受けられなくなってしまいます。

苦しみがあってカルマ解消となるのですから、最初から苦しみを苦しみと感じないようではカルマ解消されません。それでは生まれ変わった意味がない。

人生とはカルマ解消することと徳分を積むことが2つの大きな目的です。そのための輪廻転生です。

魂が学ぶために、前世の記憶を隠す必要があるのです。

――ブッダは生まれ変わりについてどう説いているのですか？

『因果応報なるが故に来世なきに非ず』

ブッダはそう教えています。

つまり現世とは過去世の結果であり、来世とは現世の結果である。因果応報がある限り来世はある。

もっと身近なことでいえば、今日とは昨日の結果であり、昨日のない今日はない。今日のない明日もない。先月のない今月もなければ、今月のない来月もない。

それと同じように、前世がない現世もないのです。それが因果応報であり、前世、現世、来世と繋がっているということです。

人生とは今生だけのことではありません。前生から生まれ変わって今生があり、今生が終わり死に変わって、また生まれ変わって来生がある。

すべて繋がっている。それが輪廻の世界です。

――現在の自分の状況は過去世の結果だということですね？

どんな親のもとに生まれてきたのか、どんな顔や形なのか、なぜ男に生まれてきたのか、なぜ女に生まれてきたのか、なぜ長生きなのか、なぜ短命なのか、なぜ金持ちなのか、なぜお金に困っているのか、なぜトラブルを起こしたのか、なぜトラブルに巻き込まれたのか、これらはすべて結果です。

神によって運命が決められたわけではありません。自分のカルマと徳分とバラミー（徳分の放つ影響力）によって運命が決まるのです。すべては過去の自分の行為がもたらす結果です。

過去世の行為は必ず現世に受け取ることになる。

現世の行為は必ず未来に受け取ることになる。

それが輪廻の世界。

――人間に生まれ変わって今より良い人生にするには現世で善い行いをしないといけないのですね。

今良い状態にあるということは前世では徳が多かったということです。今世で前世よりもたくさんの徳を積むことで、次に生まれ変わったときにはさらに良いあの世に行くことができます。

逆に今世で徳を減らしてカルマを増やすと悲惨な来世になる。今世でカルマを多くつくれば、苦しむだけのあの世に行くことになります。

——それがカルマと徳分の法則であり、輪廻転生なのですね。

ブッダは現世と来世についてこう語っています。

『過去の因を知らんと欲すれば、現在の果を見よ。未来の果を知らんと欲すれば、現在の因を見よ』

つまり現在の状態を見れば、過去に何をしたかがわかり、現在の状態を見れば、未来の結果を知ることができるということ。

自分の未来を知りたければ、現在の自分の行いを見ること。現在の行為の結果は必ず将来現れるのです。

まいた種は必ず現れます。憶えていようといまいと、必ず種は芽を出します。

これを「三世因果」といいます。

しかし人はこの世（現世）のことしかわからないので、このことに気づかないのです。

私たちが人間に生まれてきた大きな目的は、カルマ解消すること、徳を積むこと、この2つが生まれてきた大きな目的になっています。

今世でどれだけカルマ解消できるのか、どれだけ徳分を積むことができるのか、そのために人間として生まれ変わってきたのです。

――死んで終わりではなく〝生まれ変わり〟を意識することが大事なのですね。

ブッダは弟子に聞きました。

「毎日、死を意識していますか？」

弟子は答えました。

「はい。一日一回は死を意識しています」

ブッダはその言葉にこう言いました。

「私は一瞬一瞬に死を意識しています。今生きているからといって、明日生きているとは限らない。だから私は今この瞬間も死を意識している」

死を意識すること、そのものが心をきれいにします。清らかな心にしてくれます。カルマをつくらないようになっていくのです。

それが良い生き方であり、次に良い世界に生まれてくる結果となります。


――〝死〟を意識することで良い生き方ができるのですね。


夫婦喧嘩は時間の無駄。親子喧嘩は時間の無駄。死を意識することでそういうことに気づくようになります。

人間の寿命はたかだか80年や90年、長くてもせいぜい100年程度。その程度の時間はあっという間に過ぎていきます。

少年から青年になり、壮年になり老年になる。

人間はもちろん、生命あるものはいずれ必ず死んでいきます。

死を意識して生きることで生き方が変わります。

そして輪廻転生、生まれ変わり死に変わりを意識して生きることで、次に生まれてくるときのために今何をすべきか、何をしてはいけないのか、より正しい生き方ができるようになるのです。

A．『人間に限らず、魂を持つどんな生命も、生まれ変わり死に変わりを何度も何度も繰り返している。それが〝輪廻転生〟。過去世の行為は必ず現世に受け取ることになり、現世の行為は必ず未来に受け取ることになる。生まれ変わりを意識することで、より正しい生き方ができるようになる』

今世で人間に生まれてきた理由

Q. 輪廻転生の輪の中で、今世で人間に生まれてきたのはどんな意味があるのでしょうか？

輪廻転生の輪の中にいる生命は生まれ変わり死に変わりを繰り返しています。それは人間に限らず、虫や動物といった生命も同じ。

だから今人間でいる私たちも、生まれ変わるときに犬でも猫でもバッタでも芋虫でもよかったのに人間に生まれた。

なぜ人間に生まれたのか、なぜだと思いますか？

――人間に生まれる運命だったからでしょうか？

今までにもお話ししてきたように、ダルマでは「すべてはカルマと徳分の法則」で成り立っています。

過去の行いが現在、そして未来の自分に返ってくるのが因果応報。過去世の行為は現世の自分に返ってくる。現世の行為は現世や来世の自分に返ってくる。それが因果応報で輪廻転生の根本にあります。

つまり人間に生まれてきたのも因果応報。今自分が人間でいるのは、過去世で徳分が大きかったから人間に生まれたのです。

——人間に生まれている人はみんな、過去世で徳分が大きい行為をしてきたということですね。

徳分が小さくてカルマが大きければ人間には生まれません。徳分が小さく怒ってばかりいた人やケチな人は動物に生まれ変わります。いずれにしろ過去世でカルマが大きければ人間には生まれてきません。

しかしながら世の中を見渡してみれば犯罪を犯す人がいかに多いことか。犯罪とまではいかなくても悪いことをする人はたくさんいます。そういう人たちは〝不純物〟

が混じっている。つまり欲望といった不純物が混じって人間に生まれてきてしまったので悪い行為をしてしまう。

人間に生まれてきたこと自体は徳分がすごく大きかったから人間に生まれることができたのに、残念ですがそういう人は正しい生き方をしません。生きている間にどんどん徳分が減ってカルマが増えていきます。

――徳分が減ってカルマが増えるとどうなりますか?

死んだら地獄行きです。

地獄というカルマ解消の場に行って、苦しいカルマ解消をしないといけません。そして地獄の責め苦で、ある程度カルマを解消したら、その人（魂）の徳分の大きさによって何に生まれ変わるのかが決まります。

現世において常に本能的に生きている人は次に生まれる先はすぐに決まります。欲望だけ本能だけで生きている人は１００％間違いなく動物に生まれ変わります。

たとえば戦うことを仕事にしている人は、次に生まれるのはだいたいライオンとか虎とかヒョウとか、そういう肉食獣に生まれてきます。生まれてすぐに肉を食べたがる、そういう本能のままに生きている肉食動物に生まれ変わります。

――現世のカルマが次に生まれる先に影響するということですね。

本来は人格者であるはずの学校の先生が生徒を盗撮したり、セクハラしたり、犯罪を犯す場合もあります。これも本能。

自分の欲望を押さえられなかったこういった人たちも次に生まれ変わるのは動物。それも相手にされない動物。

相手にされないというのは野生の動物です。ペットならば飼い主が大切にしてくれるでしょうが、野生の動物は誰も大切にしてくれない。本能のまま、欲望のままに生きた人は、食うか食われるかの本能のままに生きていく世界に生まれ変わるということです。

そういう欲望を押さえられない人生を送った人が地獄に行って、ある程度カルマを解消して次に生まれ変わって人間になったとすると、誰も相手にしてくれないような孤独な人になることが多いものです。誰にも相手にされずに引きこもってしまうような孤独な人生を送るようになる。

こういう生まれ変わりの流れがあります。それが因果応報です。

――動物から人間に生まれ変わるのはどういう場合ですか？

まず動物は死んだら全部地獄に行きます。地獄でカルマ解消をする。

そこでカルマ解消できるとクジラとかイルカとか人間に近い哺乳類の大きい動物に生まれ変わります。

反対にカルマ解消ができないとメダカとか小動物に生まれ変わります。

そしてまた死んで地獄に行ってカルマ解消して生まれ変わって、それを何度か繰り返した後で人間に生まれ変わるものもいます。

――再び人間に生まれ変わるまでに何度も動物に生まれてくる場合もあるのですね。

それはその人（魂）が持っているカルマの大きさにもよります。

逆に人間から動物に生まれ変わる場合には、地獄に行かずに人間から直接動物に生まれ変わることがあります。

——直接動物に生まれ変わるとどうなるのですか？

通常は人間が死んで地獄に行く前に、湖に連れていかれて記憶を消す水を飲まされます。そこで記憶が消されるので、前世の記憶は残っていません。だから自分の近くに前世の夫や子供がいたとしても全然気づきません。

ところが人間から直接動物に生まれ変わった場合、記憶が消されずにそのまま動物に生まれ変わることがあります。そうしたケースでは人間だった前世の記憶が残ったまま動物に生まれてくるので〝人間らしい〟動物になります。

たとえば家の応接間のソファで人間のようにくつろいでいる犬、寝るときに人間のように上を向いて寝ている猫、そういう犬や猫はだいたい一つ前の過去世が人間だった犬や猫です。人間だったときの記憶が消されていないで生まれ変わってきたのです。

——次に人間に生まれるためにもカルマを解消して徳分を積まないといけないのですね。

あるときブッダは弟子に問いかけました。

「私の小指の爪に入っている砂粒と、地球上にある砂粒とどちらが多いか？」

「それはもちろん地球上の砂粒です」

弟子がそう答えると、ブッダは言いました。

「すべての魂の数が地球全体の砂粒だとすれば、人間の魂はこの爪の中の砂粒に等しい」


そしてブッダは人間に生まれることについてこう説きました。

「人間に生まれるということは、海の中で1本の針を探すようなものだ」

つまり人間に生まれることは、それだけ難しい、有難いことだということです。

徳分を積めるのは人間だけです。動物や虫では徳分は積めません。できることはカルマを解消することだけ。人間に生まれることはそれだけ貴重だということ。

人間に生まれてきたからにはカルマをつくらず徳分をできるだけ積んで、最低でも次の生まれ変わりでは人間に生まれてくるようにしないといけません。

そしてダルマに出会うことは、人間に生まれてくること以上に難しいのです。

――人間に生まれ変わるのはそんなに貴重なことなのですね。

〝生まれ変わりの叡智〟としてブッダが説いたこんな話があります。

お釈迦様の時代、バラモン教最高位のトーデッヤバラモンの息子のスバ青年がブッダに会って質問しました。

「人間は生まれながら病弱な人もいれば、健康な人もいます。人間はなぜ平等ではないのですか？」

この問いに対する答えは、もうわかるのではないでしょうか。

すべては因果応報です。現在の自分の状況は、すべて過去の自分自身の行いが影響しているのです。

その点において人間は平等です。原因があるから結果があるのです。

過去世の行いが現世にどのような影響を及ぼすのか、ブッダは質問してきた青年に対してこのように教えています。

◎短命の人

過去世で、生命に対して優しさや親切さがなく、簡単に殺生をする者は、地獄に行く。

相手に生きる権利を与えなかったので、厳しい苦しみを味わう。極端に、苦のある場所に生まれ変わる。人間にはなれない。長い時間苦しむ。

次に人間に生まれたときは長寿の権利がなく、短命で早死にする。

◎長寿の人

過去世で、すべての生命に対して優しく親切で殺生をしない者は、天界で幸福になる。

他の生きる者の権利を尊重したので、次に人間に生まれたときは自分の生きる権利も尊重され、長寿になる。現世で肉、魚などの生き物を食べない人は、次人間に生まれたとき、長寿の人となる。

◎病弱の人

過去世で、殺しはしないが、他の生命をいじめる、苦しめる、暴力、虐待、拷問、生命を傷つけた者は地獄に行き長い期間苦しむ。

次に人間に生まれたときは、病弱な身体で生まれ、一生痛み、苦しみながら生きていかなければいけない。

◎健康な人

過去世で、武器を持たない、暴力、虐待、拷問をしない、あらゆる生命に対して、優しく大切にした者は、次に人間に生まれたときはたいへん健康な身体で生まれる。

現世で放生する者は次に生まれたとき、健康な身体で生まれる。

◎見た目が醜い人

過去世で、執念深い、すぐ怒る、激怒する、恨み、憎しみを抱く者は怒らせた側ではなく怒った側も地獄に行き、極端な苦しみを受ける。

次に人間として生まれたときは、過去に人を嫌な気持ちにさせたことが自分の身体に現れ、人から疎まれる容姿になり、一生嫌な気持ちで生きていかなければならない。

◎見た目が美しい人
過去世で簡単には怒らない、さんざん言われても落ち着いている、笑顔が絶えない、怒っている相手にさえも嫌な気持ちを与えない者は天界に行き、もし人間として生まれた場合は、とても美しい容姿で生まれる。

現世で怒りや憎しみを持たないようにすることで人間に次生まれたとき、美しい人に生まれる。

◎存在感が無い人〈バラミーがない〉〈※バラミーとは徳分の放つ光のこと〉
過去世で、嫉妬、妬み、執着、他人の成功、幸福を認めないものは地獄に行き苦しむ。

それを終えて人間界で生まれても誰にも認められない、誰も相手にしない存在感のない人間になる。

◎存在感がある人（バラミーがある）

過去世で嫉妬、妬み、執着がなく、他人の成功、幸福を心から認め、祝福する者は天界に行き、長い幸福の旅を終え、人間界に生まれたときはとても威力、威厳、存在感のある生まれになる。

毎日バラミーが増えるチンナバンチョンマントラを唱えれば存在感のある人間に、今世でなれる。

◎貧乏な人

過去世で、沙門、バラモン（出家修行者）に、衣食住薬を布施しない、物を惜しみ、貧しく必要とする人に何もあげない者は、地獄に行き苦しむ。

次に人間に生まれたときは貧困に生まれ、収入を得ても財産は逃げてしまう。
貧困に生まれる理由は、物惜しみ。現世で人に多くを与えられるようにすれば改善される。

◎裕福な人

過去世で、沙門、バラモン（出家修行者）に、衣食住薬を布施をし、物の豊かさ、財産を一人で楽しむのはもったいないと思い、貧しく必要とする人に差し上げ、みんなで分かち合い、幸福を楽しむ者は死後、天界に行き、次に人間に生まれたときは、大富豪として生まれる。

自分で汗を流して得た収入は自分の物ではない。皆のお陰であり、皆のものである。分かち合うことで、自分に財産の権利が生まれる。タンブンする（与える）者が豊かになる。

◎カーストが低い人

過去世で、頑固、強情、高慢、目上の人や尊敬するべき人を侮辱し、尊敬しない、礼をつくさない者は、地獄を免れても、次に生まれたときは、誰からも尊敬されない差別される家柄に生まれる。

◎カーストが高い人

過去世で、謙虚であり、目上の人を敬い、礼をすべき人には、礼をつくす者は次に生まれたときは、尊敬される家柄に生まれる。

◎知恵が無く鈍感な人

過去世で、善とは何か、悪とは何か、人間はどのような生き方をすれば良いのか、何を実践すれば良いのか、何も興味を持たず、賢者、知識人を訪ねず、つき合いもしないため、善なる生き方を知らず、悪に染まった生き方をするはめになり、死後の地獄は予約済み。次に人間に生まれれば知恵遅れ、知的障害者になる。

◎知恵があり鋭い人

過去世で、善とは何か、悪とは何か、どのように悪いことをやめればいいのか、どのように自分を育てればいいのか、智慧のある人に聞いてまわり、道徳を知る者は天国を流転して、人間界に生まれた場合、頭の良い、天才的な人になる。

現世で仏法を学べば、次に人間に生まれたとき、頭の良い人間として生まれてくる。

ただし、これらの叡智を知り、他人に「あなたは過去世で、他人を助けなかったから今、貧乏なのです。自業自得です」と言うと、それは他人を侮辱したことになり、それは自分の悪業になり、次は自分が惨めに生まれ変わる原因になります。

お釈迦様も相手が叡智を正しく理解し、判断できる人間、バラモンの息子であり、優れた知識を持つ青年だったからこそ、この叡智を教えたのです。

何よりもまずブッダの叡智であるダルマを正しく理解し、実践して生きることが肝心だということです。

――今人間でいることに感謝しつつ、ダルマに沿った正しい行いをしなければいけないのですね。

過去世の続きが現在になっている。現在の続きが来世になる。

次に人間に生まれてくるためにも本能で生きてはならないということ。

カルマをつくる悪行をやめて、早くカルマを解消しなさいということ。

徳分になるような善行を行うように生きなさいということです。

A.『人間に生まれてきたのも因果応報。今自分が人間でいるのは、過去世で徳分が大きかったから。だからといって次も人間に生まれるとは限らない。本能のままに生きると次は動物に生まれ変わる。欲望や本能のままに生きてはいけない』

カルマ解消をする最高の修行場が地獄

Q. 地獄について教えてください。地獄とはどんな世界なのですか？

地獄とはカルマ解消の場所です。

カルマを解消するための修行の場。

〝地獄〟と聞くと何か恐ろしい所のように思えますが、実はとても有難い所なのです。

――有難い場所なのですか？ では想像しているより怖くないのですね？

ただし、その修行は想像を絶するほど苦しいものです。私たちが今生きているこの世といわれる世界で味わう苦しみなど及びもつかないほどの苦しみが待っています。

たとえば、現世で酒飲みだった人は、溶けた鉄を飲まされたり毒を飲まされたり、まさにこの世のものとは思えないほどの苦しみを味わうことで酒のカルマを解消します。

それだけ苦しい責め苦を負わなければ、私たちが背負っているカルマは解消できないということです。

そうして地獄で酒のカルマが解消した人は、次に人間に生まれてきたときにはカルマ解消が終わっているので酒を飲まない人生になります。

――死んでから地獄に行くまではどうなっているのですか？

人間は寿命が来て死ぬと100日間は霊（魂）として存在しています。

ただし寿命が来て死んだのではない場合、つまり寿命が来る前に死んだ場合は寿命が来るまで霊的存在〝お化け〟として存在することになります。

寿命が来て死んだ場合は、死んでから100日経つとヤマー（死神）が迎えにきて、地獄の門の外にある待合室に連れていかれます。そして自分の順番が来ると、東西南北4つある地獄の門のうちの一つをくぐり中に入るとヤマラージャ（閻魔大王）がいます。

そこでどこに行くか、ヤマラージャのジャッジメントを魂は受けるのです。
ヤマラージャは一瞬でジャッジし、すぐに地獄の何階に行くか、その魂が行く世界が決まります。

——何だか聞いているだけでも恐ろしくなりますね。

優先的に地獄へと招待される行為は次の11の行為です。

「生命を殺すこと」
「他人のものを盗むこと」
「邪なことをすること」
「嘘をつくこと」
「人を侮辱すること」
「陰口を言うこと」
「無駄な話をすること」

「欲しがってばかりいること」

「怒ってばかりいること」

「人を邪に見ること」

「酒を飲むこと」


これらの行為はすべてカルマとなり、地獄への優先権となりますので身に覚えのある人は今からやめる努力をすることです。

――地獄には何階もあるのですか？

地獄は全部で15階層になっています。

軽い地獄が深さ8階層あり、その下にやや重い地獄が6階層、さらにその下にもっとひどい地獄（ローガンタ地獄）が1階層。

地獄の浅い所はカルマは軽く、深い所は重い。深い地獄に行けば行くほど重いカルマを持った魂が行くことになります。

軽い地獄は1つの門に対して10の地獄。

やや重い地獄は軽い地獄の下の階層に4つの地獄。

最も重い地獄はさらにその下の階層に1つの地獄があります。

地獄に行った魂は、それぞれの地獄でカルマがなくなるまで苦しみ続けます。


――〝軽い地獄〟はどんな地獄ですか？

軽い地獄の中でも〝軽い地獄〟から〝重い地獄〟の順に並べると次のようになります。「ナロー」とは「地獄」の意味です。


「ヤンタパーサナナロー」

夫婦間で暴力を振るった人や、ハラスメントをした人が行く地獄。

2つの山に挟まれて潰されて、苦しんで死ぬ。その苦しみを受け続ける。


「スッナカナロー」

口で問題をつくる人、悪口を言う人が行く地獄。

恩のある人、先生、親、お坊さんの悪口を言う人が行く地獄。

5種類の犬、黒い犬、赤い犬、黄い犬、他2色いて、その犬のスティールの歯で噛まれ、上からはスティールの嘴の鳥に噛まれる地獄。


「スイッタローシッタナロー」

動物や人間をロープやナイフでゆっくり殺した人が行く地獄。

ものすごく冷たい池の中に投げ込まれて死ぬ。死んでも目が覚めてはまた投げ込まれて死ぬを繰り返す。


「トッサナロー」

ピンハネ、贈収賄、悪い物と知っていて悪い物を売るインチキ商品を販売する人が行く地獄。

喉が渇いて目の前の水を飲むと、その水が自分が悪いことをしたモノにすべて変わり、それを飲まされる。

「ピッサガパタナロー」

裁判官や警察官などで正しいジャッジをしていない人が行く地獄。

権力の乱用者が行く地獄で政治家も行く。

「ヤンタパーサナナロー」と似ていて4つの山に挟まれて潰されて死ぬ。気がつくとまた繰り返される。

「アヨークラナロー」

人のタンブン（人のお布施）を自分のポケットに入れた人、賽銭泥棒が行く地獄。

鉄のようなものが欲しくて食べたくなり、食べるとお腹の中で熱く大きくなって死んでしまう。これを繰り返す。

「ダマポータナロー」

酒飲みが行く地獄。

酒に誘う人も、店で酒を出す人、売る人、作る人も行く地獄。

大きい熱い鍋の中に水、砂糖、石が溶けていて、それを口の中に入れて飲まされ続ける。


「アッスイナカナロー」

詐欺師や盗人が行く地獄。

人の物を騙して盗む。

僧侶を騙すともっとひどい。

変な動物に変わってしまい、手がハンマーとなりケンカして、ずっと殴り合う。

「シンプリーナロー（シンマプリーナロー）」

邪な性行為や、何度も浮気を繰り返す人が行く地獄。下から鬼に槍でお尻を突かれ、針の樹を登っていく。上に登ると鉄の嘴の鳥に頭を食われ、また下に落ちていく。これを繰り返す。

「ローハグゥニピーナロー」

人間や動物を殺した人が行く地獄。

熱い鍋地獄。鉄も溶けるほどの鍋で焼かれる。ゆっくりゆっくり苦しめられる。あまりの苦しさに死ぬが、生き返る（目覚める）とまた焼かれる。これを延々と繰り返す。

――もっと重い地獄はどんな地獄なのですか？

もっと重いカルマを持った魂は、さらに下の階層にある「ウッタサナロー」に行くことになります。

ウッタサ地獄は４つあります。

「クータナロー」

クソだらけの中にいて、クソの中にいる虫に食べられて死ぬ。目覚めては食われて死んで、目覚めては食われて死んでの繰り返し。

「ガッガァカラナロー」

火の中で焼かれ続ける。死ぬとまた火の中に生まれ、焼かれてを繰り返す。

「アシィパタワナナロー」

森の中の葉が針で、犬のようなものに追われ刺さり苦しむ。針が全身に刺さって死ぬ。これを繰り返す。

「ウェタラニーナロー」

強い酸で、頭・身体を溶かされる。溶かされ苦しんで死ぬが、また生まれ、また溶かされ死ぬを繰り返す。

数万年から数億年、ウッタサ地獄でカルマを解消した後、ウッタサ地獄から出ると、次に上の階層にある10の地獄でまた苦しみ、その後に地獄の外に出ることができます。

――これ以上に酷い最も重い地獄とはどんな場所なのですか？

最もカルマの大きい魂が行く地獄は〝8つのVIP地獄〟があります。

「サンチーワナロー」

ひどい人殺し、テロ犯などのたくさん人を殺した人が行く地獄。

身体を切り刻まれて死ぬ。死んでまた生まれ、刻まれる。

45億年間地獄にいる。

「ガラスッタマハーナロー」

360億年間地獄にいる。

「サンカータマハーナロー」

2900億年地獄にいる。

「ロールワマハーナロー」

9360億年地獄にいる。

「マハーロールワマハーナロー」

73兆7億2800万年地獄にいる。

この5つの地獄は、とんでもなくひどくシンハーを破った人が行く地獄です。

「ターバナナロー」

カジノやスロットのオーナーやメーカーの人、ギャンブラーが行く地獄。

２９４７兆３９２０億年間地獄にいる。


「マハーターパナマヘーナロー」

夜遊びをやめられない、酒をやめるならば死んだほうがましだと思う人、ドラッグをやる人が行く地獄。

半カップ（10の１６０乗年の半分）地獄にいる。


「マハーアウェィチィーナロー」

子供が両親を殺す、お坊さんを殺す、お寺を壊したり、そのグループを殺す、プラプッタジャウにケガをさせると行く地獄。

ダイバダッタ、ユダがいる地獄。

1カップ（10の160乗年）地獄にいる。

この8つの地獄より、さらに深い地獄が「ローガンタ地獄」。

地獄にいて、一切改心しない人が行く地獄。

次のプラプッタジャウが生まれるまで地獄にいる。プラプッタジャウが生まれない宇宙もあるため、1カップ（10の160乗年）以上の期間にわたって地獄にいることになる場合もある。

――想像を絶する長さで地獄の苦しみを味わうことになるのですね。

人間は死ぬと、99，9%の人が地獄に行きます。

地獄に行った魂は、それぞれの地獄でカルマがなくなるまで苦しみ続けます。

そして、カルマ解消の修行を積み、カルマが軽くなれば、入って来た門から出て、生まれ変わることができるのです。

何よりも大事なことは〝地獄に行かないこと〟。

そのためには生きている間に、死んでから地獄に行かないような生き方をすることです。

A.『地獄とはカルマを解消するための修行の場。ただし、その修行は想像を絶するほど苦しい。魂は地獄でカルマ解消をした後、次の世界に生まれ変わる。何より大事なことは地獄に行かないような生き方をすること』

人間に生まれたければシンハー（五戒）を守る

Q. 地獄に行かずに来世で人間に生まれてくるためにはどうすればいいでしょうか？

修行のところでお話しした「シンハー（五戒）」を守ることです。

シンハーを守ることで、もう一度人間に生まれ変わることをブッダは約束しています。

「不殺生《ふせっしょう》」…魂のある生き物の生命を奪わない

「不偸盗《ふちゅうとう》」…他人の物を奪わない

「不邪淫《ふじゃいん》」…邪な男女の交わりはしない

「不妄語《ふもうご》」…嘘をつかない

「不飲酒《ふおんじゅ》」…酒は飲まない

この5つが「守るべき5つの戒律」です。

――「不殺生」というのは〝人や動物を殺さない〟ということですか？

人や動物はもちろん、虫や蚊も殺してはいけません。

魂ある生き物を殺すことは殺生になります。

――蚊も殺してはいけないんですか⁉

蚊も魂ある生き物です。刺されたからといってパチンと叩いて殺してはいけません。

あらかじめ虫よけを塗っておいて寄ってこないようにすればいいのです。

――とにかく生き物を殺してはいけないのですね。

間違えてはいけないのは、直接自分が殺さなければいいかというと、それは違います。肉や魚を食べるのも間接的に〝殺す〟ことになります。自分が食べることで結果的に肉や魚の需要を増やしているのですから間接的に動物や魚を殺すことに繋がるからです。
直接自分が殺さなくても人が殺したものを食べるのは殺生、つまり不殺生の戒律を守らないことになります。

――肉や魚以外の野菜はいいのですか？

野菜には魂がありません。だから食べていい。肉や魚のように魂あるものを食べずにベジタリアンになりなさいということです。

――今まで平気で食べてきたのに「肉や魚を食べるな」と言われても…。

どんな生き物も「死ぬのが怖い」「殺されたくない」という心を持っています。それは人間も同じです。ところが人間は自分たちが生きるために平気で動物を殺して食べている。
「あらゆる生命あるものの生きる権利を奪ってはならない」
それがダルマの教えです。
「奪えば奪われる」

これがカルマと徳分の法則。

肉や魚を食べると汚れた魂となり、目に見えないカルマを増やすことになります。そのカルマはいずれ自分に返ってきます。

たとえば自分の飼っているペットを思い浮かべてください。

自分の飼っている犬や猫、鳥といった動物を殺して食べようと思いますか？

可哀想でとてもそんな残酷なことはできないでしょう。それと同じことです。

だから魂ある生き物の命を奪ってはいけない。肉や魚を食べるのもやめましょう。


――「不偸盗」というのは何でしょう？


不偸盗とは他人の物やお金を奪わないということ。

たとえば会社の経費の無駄遣いもダメです。経費の無駄使いは、会社のお金を勝手に使っていることになるので不偸盗になります。


――残りの3つは何でしょうか？

「不邪淫」というのは、パートナー以外に複数人と交わること。

わかりやすくいえば、本当に好きな人、その一人だけを愛しなさいということ。
「不妄語」は、嘘をつかないこと。でたらめを言わないこと。正直に話すこと。
「不飲酒」は、文字通り〝酒を飲まない〟こと。

――お酒も飲んじゃダメですか？

お酒は神様が最も嫌うものです。

――でも神社に行くとお酒をお供えしていたり御神酒をいただくこともありますよ？

日本の神社や仏閣で祀られているのは神様ではありません。〝スピリッツ（精霊）〟です。その土地や場所に長年住みついているスピリッツ（精霊）を神として祀っているのです。

日本では昔から「八百万の神」と呼んで、あらゆる現象や自然に神が宿っていると信仰されていますが、それらの神とされているものはすべて、神様より下のレベルのスピリッツ（精霊）です。そしてスピリッツはお酒が好きなのでお酒をお供えしています。しかし神様はお酒が嫌いなので、神々基準のダルマでは「不飲酒」としてお酒を飲まないように戒めているのです。

——お酒好きな人はなかなかやめられないかもしれません。

世の中を見渡してみればわかりますが、犯罪やトラブルはお酒を飲んだときに起こりがちです。

たとえばお酒を飲まなければ酔っぱらってケンカもしないし、飲酒運転で事故を起こすこともありません。お酒が原因でトラブルに巻き込まれることはよくあります。つまり悪い行為の原因になることが多いのですから、お酒を飲むことはカルマになるということです。

——確かにお酒に酔っぱらってトラブルになることはよくありますね。

実際に健康にも悪影響を与えます。「世界有害薬物ランキング」（英国薬物関連独立科学委員会２０１０・11）によると、有害薬物の第１位は「アルコール」です。ヘロイン（２位）やコカイン（３位）といった麻薬よりもアルコールのほうが〝有害〟だとされているのですから、いかにお酒が悪いものかがわかるというものです。

日本人はお酒を飲むことが当たり前になっていて、「お酒を飲むことは悪いこと」という認識がとても低いのが現実です。しかし実際にはコカインなどの麻薬よりも人間を壊していくのです。

健康に悪いのはもちろん、ダルマの智慧の開発に重要な脳の機能を破壊していくのがお酒です。良い人生にしたいのなら「不飲酒」を守ってください。

――「五戒」を守ることが修行なんですね。

「不殺生」「不偸盗」「不邪淫」「不妄語」「不飲酒」

この5つの戒律、シンハーを守ることで、もう一度人間に生まれ変わることをブッダは約束しています。次は動物に生まれる運命だったものが、シンハーを守ることで人間に生まれることができるようになります。

――でも5つ全部を守るとなると、ちょっとハードルが高い気が…。

今現在人間だということは、過去世では守っていたのかもしれません。あるいは死んだ後に行く地獄で修行してカルマを解消して「こいつは守れるだろう」と判断されて人間に生まれてきたのかもしれません。そうであるならば守れる可能性はあります。

――どうしても守れないときはどうしたらいいでしょうか？

どうしても守れないときはやむをえません。

「今日は守れません」

謝ることです。神様に謝りましょう。

たとえばお酒をやめられない、肉魚を食べるのをやめられない、これは仕方がない。その人の徳分が小さいからやめられないのです。いずれその人の徳分が大きくなれば、自然とやめられるようになるものです。

徳分が大きくなれば、お酒も飲みたいと思わないようになるし、肉魚も食べたいと思わないようになります。

だから最初から無理に我慢して「お酒を飲むのをやめよう」とか、「肉魚を食べるのもやめよう」とか思わなくていい。徐々に減らしていくように努力することです。

――少しでも守れるように努力することが大事なのですね。

まずはシンハーを理解して実践しようと努力すること。

そしていずれ守れるようになること。

シンハーを守ることで、もう一度人間に生まれ変わることをブッダは約束しています。

次に人間に生まれたければ、さっそく今日からシンハーを守るように努力してください。

A.『次にまた人間に生まれ変わりたければシンハー（五戒）を守ること。いきなり全部は無理でも少しずつ守れるように努力すること。シンハーを守ることで、もう一度人間に生まれ変わることができる』

見える世界と見えない世界でこの世界はできている

Q. そもそも神々の世界や精霊の世界などの〝目に見えない世界〟は本当にあるのでしょうか？

本当に存在しています。

その前にまず考えてみて欲しいのは〝命〟とは何かということです。

――命とは〝生きている〟ということでしょうか。

では〝生きる〟とは何か。それは心と身体の共同作業です。心と身体が一つになって活動しているのが〝命〟です。

身体は物理的存在で〝見える存在〟、心は非物理的存在で〝見えない存在〟。

でも心は確かにある。

さらに〝氣〟という存在もある。人間の身体には〝氣〟の流れがあります。この〝氣〟も非物理的存在で目には見えませんが、すでに言われているように、間違いなく存在しています。

これらからもわかるように〝見えない存在（非物理的世界）〟はあるということです。

――言われてみれば〝心〟や〝氣〟は見えないけれど確かに存在していますね。

それと同じように神々の世界や霊の世界といった非物理的な〝見えない世界〟も、間違いなく存在しています。ただ見えないだけ。でも確実に存在している。

ではなぜ見えないのか？

それは単に能力の問題です。見えない世界、神々の神聖な世界が見えるまでに能力のレベルが達していないだけです。ダルマを学び、徳分を積み、瞑想によって神聖なものを理解する能力（プーン）が高くなれば、誰でも見えない非物理的世界が見えるようになります。存在しないのではなくて〝見えない〟だけです。

——〝見えない世界〟を見えるようにする方法はないのですか？

ありますʼ。それが「天《あま》の扉開き」と呼ばれる物質化現象です。

——「天の扉開き」って何ですか？

わかりやすい言葉でいえば「何もないところから物質を出現させる」ことです。「プジャ」と呼ばれる神聖な儀式を行い、プラプッタジャウの教えたマントラを唱えることで、何もない空間（天）から水晶などの神聖物が落ちてくる現象です。

——なぜそんなマジックのようなことが起きるのですか？

マジックでもインチキでもありません。「天の扉開き」とは、プジャという神聖な儀式を通じた神々とのコンタクトです。

神々は神々の世界よりも上のニッパンという世界にいるブッダの教えであるマントラを学びたいのです。だからプジャを行いマントラを唱えることで神々が天の扉を開けて聴きにくる。そのときに空が割れて水晶などの神聖物が落ちてくるのです。

——本当に空から落ちてくるのですか？

洞窟でプジャを行えば洞窟の天井から。外で行えば空から神聖物が落ちてきます。中には300kgを超える巨大な水晶が出現したこともあります。
それほど巨大な水晶は地球上ではつくることが不可能ですから地球外の物質。つまり神々の世界でつくられた神聖な物だという証明です。
洞窟の内だけではなく、岐阜養老の地で野外でも空から出現します。

――そう言われてもにわかには信じられませんが…。

信じる必要はありません。理解できるかどうかだけです。実際に一度体験して自分の目で見た人は〝事実〟だと確信を持てます。それだけ圧倒的な物理的現象であり、超常現象なのです。
現在、物質化現象ができる司祭養成を行っており、自分が出せるようになれば、〝信じる〟必要はないでしょう。

――科学的に証明されているのですか？

実際に日本物理学会で天の扉開きを発表したところ、「現象的には本物である」と認められました。しかし物質化現象は現代科学を遥かに超えた現象なので、科学では説明できません。

これは「科学」の定義にもよりますが、再現性のあるものを「科学」というのであれば、天の扉開きは100回やれば100回神聖物が出現します。そうであるならば、物質化現象は間違いなく科学に裏打ちされた現象ということになります。

——天の扉開きをする意味は何でしょう？何のためにやっているのですか？

神々とコンタクトを取ることで神々の存在を証明し、「神々が本当にいる」という事実を理解できるようになってもらうためです。〝見えない世界がある〟ということを実際に体感し理解してもらうためです。見せるためにやっているのではありません。

——体感して理解するとどうなるのですか？

その人の意識が変わり、考え方や世界観が広がります。

その瞬間から神を信じる必要はなくなります。神の存在を体験することで、信じるのではなく〝理解する〟ことになります。そして見えない世界を理解するようになることで、人生を変える原動力になるのです。

――〝人生を変える原動力になる〟ってどういうことでしょうか？

この世の中は見えるものだけが存在しているわけではありません。見えるものと、見えないものが私たちを取り囲み関係しています。見える世界だけで物事を捉えていると、ダルマの真理を本当の意味で理解することはできないでしょう。輪廻転生についても本当に深く理解することはできないでしょう。

見えない世界が存在し、非物理的生命体が実在しているのに、ほとんどの人は非物理的生命体の影響を受けていても気づけず間違った行動を選択してしまったり、努力が結果に結びつかなかったりしてしまう。

人生を成功に導くには努力だけでは結果は出ません。そこには〝運〟といった目に見えない力が関係してきます。そうした〝見えない世界〟の影響を理解できなければ、真に幸福に生きることはできません。

――〝見えない世界〟は私たちの人生において重要な存在なのですね。

この世界は、物理的世界と非物理的世界で成立しています。見える世界と見えない世界で一つなのです。

物理的存在の肉体はやがて消滅します。

非物理的存在の魂は残り、いわゆる〝あの世〟と呼ばれる非物理的な世界に行き、再び転生して物理的存在に宿ります。これが輪廻転生です。

しかし人間の目には見ることができないので、非物理的世界は存在しないと思っている。死後の世界や生まれ変わりなどないと思っているから、生きている間だけ良ければいいと、自分の欲望のままに生きてしまう。その結果、大きなカルマをつくり、不幸な生き方をすることになってしまう。

それはすべて〝見えない世界〟の存在を理解できない〝無知〟が原因です。無知であることが不幸な人生を生み出しているのです。見えない世界を理解できるようになれば、カルマと徳分の法則や輪廻転生といった、ダルマの根本にある真理もより深く理解できるようになるでしょう。

——〝見えない世界〟があることを理解しないといけないのですね。

ダルマや見えない世界を学ぶことは、人生の免許を取りに行くのと同じです。学ばない人、知らない人は無免許で人生を運転しているようなもの。いつどこで事故に遭ってもおかしくない。

人生を正しく運転し、より良い人生にするためには免許が必要です。見えない世界があることを確信できるようになれば、運命はどんどん改善され、命運良化が可能になります。そのためにはダルマを学び続け、見えない世界について理解することが大切なのです。

A.『この世は〝見える世界〟と〝見えない世界〟でできている。〝見えない世界〟の影響力を無視しては良い人生とはならない。命運良化するにはダルマを学び続け、見えない世界について理解することが必要』

コラム 3

神々の世界と人間の世界

神々にもレベルがある

私たちが今いる世界には〝見える世界〟と〝見えない世界〟があります。
〝見える世界〟はもちろん私たちが今生きている現世と呼ばれるこの世界。
〝見えない世界〟というのは、いわゆる「天国」「地獄」などと呼ばれている世界。当然ですが、私たち人間や動物が住んでいる世界と、神々がいる世界は、まったく違う世界です。

ひと口に「神様」といいますが、実は神々にもレベルがあります。そのレベルに応じて住んでいる世界が異なります。

神々の最高の世界が「プロム・テーププーサン」という神の世界で16の階層から成立し、そこにいる神々は「梵天（プロム神）」と呼ばれます。

16階層は1階層から8階層までと、9階層から16階層までの2つに分かれ、上の階層にいる神ほど、レベルの高い神になります。

9階層から16階層までを「アルーパプロムの神」、1階層から8階層までを「ルーパプロムの神」といいます。

中でも「マハープロム神」はすべての宇宙（7つの宇宙）を創った神です。

そしてこのプロムの神々の世界の、さらにその上の世界がブッダやアラハンがいる「ニッパン」。

パーリー語で「ニッパン」、サンスクリット語で「ニルヴァーナ」、漢字で「涅槃」。つまりブッダやアラハンのほうが神々より上の世界にいるということです。

ニッパンに行けるのは〝完全解脱〟した人だけ。神々といえども、まだニッパンに行っていないのですから完全解脱したわけではありません。ですから寿命が尽きれば転生して、神々の世界から人間の世界に生まれ変わるのです。

16階層ある神々の世界

プロム神界（テーププーサン）の下には「テーププポッポン」の神々の世界の16階層があります。

テープポッポンにいる神々は「兜率天（とそつてん）」と呼ばれます。

テープポッポンの世界も1階層〜8階層、9階層〜16階層の2つに分かれていて、テープポッポンの16階層最高位にシヴァ神、ヴィシュヌ神が、8階層にはイエス（キリスト）やミカエルがいます。

テープポッポンの神々の世界の下に「テワダー」の16階層があり、これが一般的にいう「天国」と呼ばれる場所です。

テワダーの16階層の上位には「プラメーゴンイン（千手観音）」、「プラマーライ（地蔵菩薩）」がいます。

この2人の仏様はニッパンに行くことができるのに、慈悲の心（メーター）が強いため、人間を助けるためにあえてテワダーの世界に留まってくれています。

お釈迦様はテワダーの16階層から人間に生まれてきました。

これらの神々の世界とは別の世界に「スピリッツ（精霊）の世界」があります。

日本人はスピリッツ（精霊）のことを「神（神様）」と呼んで崇めていますが、神々とスピリッツは違います。住んでいる世界も別々の世界です。

このスピリッツの世界の中に「ルーシー」といわれるスピリッツがいます。

ルーシーは人間と関わりのあるスピリッツで、人間を導いてくれる存在です。

スピリッツが手助けしてくれると願いも叶います。

このルーシーの世界に空海（弘法大師）は存在しています。

本来であれば、空海は神々の世界に行くことができるのですが、なぜルーシーの世界にいるかというと、慈悲（メーター）が強いから、人々を置き去りにして神々の世界に行くことを拒否したのです。

こうして空海は死後にルーシーとなって人間を導いてくれています。

そして、神々のいる〝目に見えない世界〟のその下にあるのが、私たちがいる「人間の世界」。

さらにその下に「動物の世界」があって、その下に「虫の世界」があります。

■神仏の世界

トップ　ニッパン

↑

プロム神界
テーププーサン（16階層）

- ・9〜16階層　アルーパプロム
- ・1〜8階層　ルーパプロム

↑

・16階層に宇宙を創る創造神
ブラムハ神（プロム神）

・運命を造り、7つの宇宙を
支配しているマハープロム神

テープポッポン（16階層）

・16階層にシヴァ神、ヴィシュヌ神

・中間層にキリスト、ミカエル

↑

テワダー（16階層）

・地蔵、千手観音はプラポーディサ

・16階層にプラメーゴンイン（千手観音）

・15階層にプラマーライ（地蔵菩薩）

プラポーディサとはニッパンに
行けるがテワダーに留まり地獄の
救済をするメーターである。

↑

人間　**アジア人**
↑
白人

↑

動物　**大**　象、牛、クジラ、犬猫他
↑
小　ネズミ、魚
↑
虫　カ、アリ

スピリッツの世界

①ルーシー
大きな徳を積む
ハイパワーの世界
空海・サイババ

②エンティティ
土地に宿る精霊など

③バッドスピリッツ
悪い行為をする存在

神々にも寿命がある

天界（神々の世界）に生まれると、すでに5歳以上の人間の姿をしています。成長しても男性は20歳まで。女性は16歳まで。常に男性は20歳、女性は16歳の若さを保ち続け、年を取り老けることはありません。

神々も輪廻転生で生まれ変わりがある以上、神々といえども寿命があります。

テワダーの1階層～8階層にいる下位のテワダー神の寿命は５００年。

５００年といってもテワダーの神の1日は人間界1日の50年に相当します。

つまり、下位のテワダー神の寿命は人間でいうと９１２万5千年になります。

上位（9階層～16階層）のテワダー神の寿命は１０００年。

上位のテワダーの神の1日は人間界の１００年に相当するので、

つまり寿命は３６５０万年。

下位のテープ神の寿命は２０００年（1日は人間界の２００年に相当）。

下位のテープ神の寿命は1億４６００万年になります。

上位のテープ神の寿命は４０００年（1日は人間界の４００年相当）。

上位のテープ神の寿命は約5億８４００万年にもなります。

お釈迦様はこの世界（兜率天）の神から転生して人間に生まれ変わりました。

そして人間界で悟りを開き、完全解脱してニッパンに行きました。

下位のプロム世界の神々の寿命は８０００年（1日は人間界の８００年に相当）。

下位のプロム神の寿命は23億３６００万年。

上位のプロム神の寿命は1万６０００年（1日は人間界の１６００年に相当）。

上位のプロム神の寿命は人間界でいうと93億４４００万年もの長さになります。

長生きしてもせいぜい１００年ほどしか生きられない人間からすれば、神々の寿命は〝永遠〟といってもいいほどの長さです。

そして寿命が尽きると消滅して天界から人間界に転生して、再び人間としてカルマ解消と徳分を積む修行をすることになるのです。

第4章

ブッダの叡智

～自分の行為は未来に受け取る～

認識を変えれば未来が変わる

Q. ”今までの自分を変えたいと思っています。これからの人生をもっと良い人生にするためには、どうすればいいでしょうか?“

「もっと良い人生にするために自分を変えたい」と思っても、どこから手をつけていいのかわからないでしょう。

いきなり「自分を変える」といっても、これまで生きてきた〝自分〟という存在が長年にわたって染みついているわけですから、そう簡単に変えることなどできません。

「自分を変えて今までの人生を変えるために」まず必要なことは、どんなことから優先して変えていくべきかということです。

次の３つのうち、人生を変えるために必要な最優先事項はどれだと思いますか？

「心の在り方を変える」

「行動を変える」

「認識を変える」

この３つの中で、最も優先すべきことは何でしょう。

いずれも大切なことですが、心の在り方や行動を変えるのは時間を要します。今までに生きてきた中で長年にわたって積み重ねてきた自分の思考やクセや行動パターンを、自分の力だけで変えようとすることは決して簡単なことではありません。

おそらくそれが自分でできる人は、今までの人生の中ですでに気づいて何かしらの努力をしてきた人でしょう。今まで何もしてこなかった人に「自分で心の在り方を変えなさい」「自分の行動パターンを変えなさい」と言ったところで、何のことかわからずにできない人がほとんどだと思います。

——ではどうすればいいでしょうか？

最優先すべき事項は「認識を変える」ことです。

認識を変えることができれば、まず行動が変わります。

人間の行動は、その人の思考に基づいて行動という形で現れます。思考というのは、その人の認識に基づいて形成されます。

つまり認識が変われば思考が変わる。思考が変われば行動が変わる。そのように繋がっているのです。

――認識を変えることで思考も変わり、その結果行動も変わるのですね。

そして行動が変わることで、心の在り方が変わります。

たとえば、今まで神棚や仏壇に手を合わせたことがない人が、毎日朝晩、神棚や仏壇に手を合わせて拝むようになったとしたらどうでしょう。間違いなく自分の中で「神仏を大切にしよう」という思いが芽生えてくるはずです。

これは確実に〝心の在り方〟が変わったということ。

行動が変わることで心の在り方が変わったのです。

――行動と心は結びついているということですね。

心が変わることで、今までとは違う未来を選択できるようになります。

選択が変われば運命が変わり、運命が変われば、人生そのものが変わっていきます。

つまり、認識を変えれば行動が変わり、行動が変われば心の在り方が変わり、心の在り方が変われば運命が変わり、運命が変われば人生が変わるということです。

自分の人生を変えたいと思うなら、「認識を変える」ということを最優先すべきなのです。

――認識を変えるにはどうしたらいいでしょうか？

認識は「学び」によって変えることができます。

世の中には様々な学びがありますが、決して欠かしてはならないのがダルマを学ぶことです。

すでにお話ししたように、ダルマとは人間の基準ではなく、神々の基準に則った〝善い行為〟〝悪い行為〟という絶対的かつ普遍的な真理です。それは、正しい人生、より良い人生を生きるための道であり、絶対的な法則です。
人間基準で物事を判断すると誤った選択をして、知らず知らずのうちに悪い方向に向かってしまうことがありますが、ダルマを判断の基準としてダルマに沿って生きていけば、間違いなく良い人生に導かれていくことになります。

――ダルマを学んで絶対的に正しい判断基準を持てということですね。

ダルマを学ばない限り、認識を変えることはできません。ダルマを学ばずに生きていては正しく生きるための普遍的な道を知らず、無知のまま欲望に支配され、悩みや苦しみから逃れられない人生になる可能性が極めて高いといえます。
一方、ダルマを学べば、物事を正しく認識できるようになります。その結果、悩みや苦しみがなくなり、人生が幸福で満ち足りたものになっていくのです。

――ダルマを学ぶことで正しい認識ができるようになるのですね。

ダルマの教えは、自分の中に最強の〝思考の軸〟をつくり出します。ただ答えを求めるのではなく、「なぜそうなるのか」という視点に立って物事を考える力が身につくのです。

自分自身の思考の軸に基づいて「どうすれば現状を打破できるのか」「より良い未来を目指すことができるのか」と考え抜くことこそ、成功と成長、開運のカギとなるものです。

そうした思考の軸、判断の基準となる拠り所となるのがダルマです。

ダルマを学ぶことによって認識が変わり、認識が変われば人生そのものが変わります。ダルマを学び続け、認識が変わることで、より良い幸福な人生になるのです。

ダルマはブッダの究極の成功哲学です。

A.『自分を変えたいならダルマを学び認識を変えること。認識を変えれば行動が変わり、行動が変われば心の在り方が変わり、心の在り方が変われば運命が変わり、運命が変われば人生が変わる』

自分を変えるには「素直になる」が一番

Q. 自分を変えるために一番大事なことは何でしょうか？

〝自分を変える〟ということは、今までの生き方を変えるということです。

そのためにはダルマを学び、理解し実践すること。

そして究極の目的は、ブッダやアラハンのように悟りを開いて、輪廻の輪の外にあるニッパンに行くことです。


――ごく平凡な人間でもブッダやアラハンのように悟りを開くことができるものでしょうか？


解脱できる人の定義はいくつもあります。

何だと思いますか？

――五戒を守ってカルマをつくらない人ですか？

ダルマの戒律を守り、カルマをつくらず徳分を増やしていくことで、やがて悟りを開いて解脱することができるでしょう。

ではダルマを理解し実践して生きていける人はどういう人でしょうか？

――自分を厳しく律して生きていける人ですか？

お釈迦様がまだ生きていた大昔、お釈迦様にこんな質問をした人がいました。

「解脱に達する人はどんな人ですか？」

その質問にお釈迦様はこう答えました。

「素直な人」

解脱できる人の一番簡単な定義は「素直な人」です。

――〝素直な人〟というのはどういう人のことですか？

たとえば「お酒は飲まないほうがいいよ」と教えられたときに、「ああそうですか、じゃあやめます」と素直に言える人。これが素直な人です。

できるかできないかは別問題です。正しいことを受け入れることが〝素直〟です。たとえ心の中では「できないかもしれない」と思っていてもいい。「はい」ということが素直です。

――「はい」と素直に受け入れても実際やってみたらできない場合もありますよね？

やったことがないのに〝やれる自信〟なんて、誰にもありません。お酒を今まで飲んでいた人が、人に言われてお酒をやめようとしても、やめられるかどうかはわからない。でも「やってみなさい」と言われて「わかりました」と答える。これが素直。

――「わかりました」と言ったのにできないときはどうなりますか？

やってみたら失敗した。その場合はどうしたらいいのか。
「もっとできるようにカルマをつくらず徳を積みます」
これが素直。
やってみてできなかったらカルマをつくらず徳を積み、できるようになればいい。

それが素直ということです。

――つまり相手の言うことを聞く人が素直ということですね？

何でもかんでも相手の言うことを聞く人が素直な人ではありません。

誰が言ったのか。相手の人格が重要です。

誰の言うことでも素直に聞く人は、言葉は悪いですが〝馬鹿正直な人〟。

つまり、「誰が言っていることなのか」ということが理解できないとダメですよということです。

――その相手が信頼できる人かどうか、それを見極めたうえで受け入れるのですね。

愚かな人の言うことを聞くのは素直ではない。

その前提として〝何が正しくて何が間違っているのか〟がわかっていないといけません。

たとえば、相手が親だとしても子供が親の言うことを全部聞くのは素直ではない。

親が愚かで間違っているとすれば、親に教えないといけない。

「お父さん、これは違うよ」と。

何でもかんでも聞けばいいというものではありません。正しいことを素直に聞き入れられる人、それが素直な人です。

——相手の言うことが正しければ素直に受け入れるということですね。

素直の反対は「頑固」です。

なぜ頑固なのか？

それは「自分こそ正しい」というプライドの高さ。

でも実は頑固で意地を張っている人はプライドが高いわけではなくて、人が言っていることや社会環境を理解する能力が低いのです。それが素直になれない原因です。

——なぜ正しいことでも頑なに受け入れられなくなってしまうのでしょうか？

それは自分が生きてきた体験に基づく価値観によって頑固が形成されるから。

だから年を取れば取るほど頑固になる人が多いものです。それは素直ではないということ。

でもそれで良い人生になるのでしょうか。

頑固であることで苦しみも悩みもなくなるのでしょうか。

決してそんなことはありません。頑固でいることでむしろ苦しみや悩みも増えるでしょう。

頑固な人は良い人生にはなりません。正しいことを素直に受け入れられないようでは絶対に良い人生にはなりません。

――確かに頑固で人の言うことを聞かない人は損するケースも多いですよね。

たとえば食事に行って誰かがご馳走してくれた。会計する場面で「私が出します」「いいや私が出します」「いえいえ私が出します」…ずっと言い合っている人がいますよね。

これは両方が素直ではない。素直に「ありがとうございます」と言えばいい。

それができないのは頑固だから。

頑固自体が心の病気です。良く生きるためには治したほうがいい。それには素直になることです。

――つまり今までの自分を変えるには〝素直になる〟ことが一番大事なのですね。

ブッダは、解脱するのに一番必要な要素について「素直なこと」と明確に語っています。

正しい教えであるダルマを理解して素直に実践して生きること。

自分を変えて良く生きるためには、ダルマに沿った正しい生き方を受け入れて実践する素直さが必要だということです。

A.『自分を変えるためには〝素直さ〟が大事。頑固さは良い人生のための障害となる。正しいことを素直に受け入れられる人。それが〝素直な人〟』

〝ありのままに生きる〟とは〝欲望のままに生きる〟ことと同じ

Q.〝ありのままに生きる〟とよくいわれますが、〝ありのまま〟に生きることが人間にとって自然で、良い生き方なのでしょうか？

昔流行った「自分探しの旅」というものがあります。目的も決めずに放浪の旅に出て「自分」を探しに出かけるというものです。

一時期すごく流行りましたが、突然仕事や学校を辞めて「自分探しの旅」に出る人がたくさんいました。

――自分探しの旅で「自分」が見つかるものですか？

では「自分」とは何でしょうか？

そう聞かれてもすぐには答えられないでしょう。

「自分」とは自分が勝手に「自分」だと思い込んでいるものに他なりません。つまり「自分」だと思っているものは、自分がつくった「自我（エゴ）」なのです。

――「自分」は自分がつくり出した自我（エゴ）なのですか？

「自分」なんて最初からいない。それが真理です。

自分の欲望がつくり出した存在、それが「自分」。

そもそも「自分」がいないのですから、自分探しの旅に出たところで「自分」が見つかるはずがありません。自分探しの旅に出たとしても、何も見つからずにただ帰ってくるだけで、結局以前と変わらない生活を送る人がほぼすべてでした。

――「自分」なんていないのだとすると、「自分らしく、ありのままに生きる」とはどういうことでしょう？

たとえば「どう生きたいですか？」という質問をしたとして、「ありのままの自分で生きたい」と答える人は多いでしょう。そう願う人は「ありのまま＝自分らしく」「ありのまま＝自然な生き方」という認識がほとんどです。

果たして、それは本当でしょうか？

もしみんなが〝ありのまま〟に生きたらどうなるか考えたことはありますか？

――いえ、考えたことありません。

「ありのまま」とは「自分の欲望のまま」ということです。

みんながみんな、自分の欲望のままに生きたらどうなりますか？

――とんでもないことになりますね。

「ありのまま、あるがまま」＝「自分らしく」＝「感情のまま、欲望のまま」ということ。感情のままに生きている人とは感情を露わにする人。そうした人が良い人物でしょうか。むしろ危険人物です。

感情のまま、欲望のままに、欲しい物を盗んで手に入れたり、人に対して暴力を振るったり、人を殺したり…世の中の人たちがありのままに生きたとしたら無法地帯の危険な世の中になってしまうでしょう。

ありのままに生きる、つまり、自分の欲望に従って生きるのは、人間にとって一番危険な生き方だということです。

理性によってコントロールしている欲望や執着、嫉妬や怒りなどの感情のまま生きることが「人間のありのまま」です。

ありのままに生きることは、すなわち自我に基づいた生き方をするということ。

自分の欲望を最優先した考え方や行動をするということ。

果たしてそんな生き方が正しい生き方といえるでしょうか？

——正しい生き方とはとても思えません。

スピリチュアルな人たちは「ありのままに生きなさい」「自然のままに生きなさい」などと言いますが、それは間違いです。

ダルマを学ぶと、〝ありのまま〟とは不自然なものだということが理解できるようになります。

自分の感情のままに欲望を最優先した生き方をすれば、カルマは確実に増えていきます。そのカルマはやがて必ず自分に返ってくることになる。ありのままに生きれば、カルマ解消のために苦しむ未来が待っています。

良い未来にしたいなら、良い人生にしたいなら、ありのままに生きてはいけません。「ありのままに生きるな」が正解。

感情や欲望をコントロールして生きることが本来の正しい生き方です。

A.『〝ありのままに生きる〟とは感情のまま、欲望のままに生きるということ。自分の欲望に従って生きるのは一番危険な生き方。「ありままに生きてはいけない」が正解』

ポジティブ思考は正しいのか

"Q.どうしても物事をネガティブに捉えがちです。
良い人生にするにはポジティブ思考がいいですよね?"

ポジティブ思考の人は基本的には〝明るく前向き〟。ネガティブ思考の人は〝暗くて後ろ向き〟。これが一般的にいわれているポジティブ思考とネガティブ思考のわかりやすい特徴です。

思考(意志の行為)は、その結果として言動(言葉の行為)と行動(身体の行為)となって現れてきますから、ポジティブ思考の人は言動と行動もポジティブ、つまり明るく積極的に前向き。反対にネガティブ思考の人は言動と行動もネガティブ、つまり暗くて後ろ向きな言動や行動として現れることになります。だからよく「ポジティブ思考で生きなさい」と教えられますよね。これが人間の基準でありルール。

――神々基準では違うのですか？

それでは神々のルールであるダルマから見るとどうなのか？

ポジティブ思考は善で、ネガティブ思考は悪なのか？

まずネガティブ思考についていえば、暗くて後ろ向きの思考は、気持ちも暗くなって後ろ向きになるので当然良くないですね。これはダルマから見ても同じです。

それではポジティブ思考の明るくて前向きな人は善なのか？

一般社会的な視点からすれば当然良いことでしょう。しかしこれはダルマから見ると「悪いこと」になります。

――どうしてダルマでは「悪いこと」になるんでしょう？

ポジティブ思考というのは〝欲望〟によって成り立っているからです。

明るく前向きな気持ちの裏側には、「明るく前向きになりたい」「ポジティブなほうが上手くいく」「ポジティブに生きて良い結果を得たい」…という人間の欲がどこかに潜んでいます。この〝欲〟が良くないのです。

——確かにポジティブ思考のどこかには「明るく前向きなほうが上手くいくだろう」という〝欲〟のようなものがあるのかもしれません。

ダルマにある「三大煩悩」を思い出してください。

カルマをつくる苦の行為の「三大煩悩」には「貪（欲望）」があります。つまり、欲望（欲）というものはカルマをつくるもの。つまり悪業なのです。

ダルマでは「欲によって成り立っているものは正しくない」と説いています。欲望はカルマをつくります。欲望は捨てるものです。ポジティブ思考が欲から来ているものだとすれば、それはダルマではカルマになり「悪いこと」になります。

——ポジティブ思考もネガティブ思考もどちらも悪いのですね？

ポジティブもネガティブも、結局両方とも〝人間の感情〟によるものです。感情で、判断することがそもそも間違っています。感情ではなく、無感情で〝現状そのまま〟を観ることがダルマでは正しいのです。

――どういう思考で生きるのが正しいのでしょうか？

ポジティブ思考でもネガティブ思考でもない、どちらでもない思考が正しい。ダルマではこれを「中道」といいます。「中道」と聞くと〝真ん中〟と思いがちですが、中道というのは〝真ん中〟という意味ではありません。

――〝真ん中〟ではないとすると、どういう意味でしょうか？

お金持ちでもない、貧乏でもない。健康な人間でもない、でも病人でもない。ポジティブ思考でもない、ネガティブ思考でもない。これが「中道」です。

――〝どちらでもない〟ということですか？

たとえば目の前に橋があるとして、その橋の真ん中を渡ることが中道ではありません。右端を渡るのでもない、左端を渡るのでもない、どちらでもないところを渡るのが中道。

だからポジティブかネガティブかでいうと、ポジティブ思考とネガティブ思考の〝真ん中の思考〟が、正しいわけではなくて、〝ポジティブでもネガティブでもない〟

思考。これがダルマでいう正しい思考の在り方。決して、ポジティブとネガティブの中間がいいといっているわけではありません。

たとえば、コップ一杯の水を飲んで残り半分になったとします。

このときに「まだ半分残っている」と捉えるのがポジティブ思考。

「もうあと半分しか残っていない」と捉えるのがネガティブ思考。

残りの水の量は同じでも、「まだある」と前向きに捉えるのか、「もうない」と後ろ向きに捉えるのか、これがポジティブ思考かネガティブ思考かの違いになります。

――それでは「中道」の思考ではどう捉えればいいのでしょうか？

「コップに水が半分入っている」

これがポジティブでもネガティブでもない「中道」の思考です。

コップ半分の水はコップ半分の水なのです。それを「残りの水が多いか少ないか」を自分の感情で多い、少ないと判断する必要はない。あくまでも目の前にあるのは、「コップ半分の水」という事実です。多い少ないと考えずに、ただ単に「半分ある」

と捉えればいいだけです。
ポジティブでもネガティブでもない〝ありのままの現実思考〟。
これが「中道」ということです。

――〝ありのままの現実を捉える〟ことが正しいのですね。

ポジティブでもネガティブでもない思考。感情を入れないで観ることが、ダルマでいう善い人間の思考です。感情を入れないで観ることで正しく物事を観る力がついていきます。つまり物事の本質がわかるようになるということです。
少し難しいかもしれませんが、こういう考え方を理解できるようになることがダルマを理解することに繋がります。

A.『人間基準では「ネガティブ思考は悪で、ポジティブ思考は善」だが、ダルマ基準では「どちらも悪」となる。ポジティブでもネガティブでもないこと。つまり「中道」でいることがダルマでは正しい（善い）人間の思考』

コラム 4

JIT生命体を鍛えれば最高の人生を生きられる

「JIT生命体」とは

そもそも〝人間〟を形づくっているものは何か知っていますか？

ほとんどの人は「肉体（身体）」と「魂（精神）」と答えるでしょう。

確かに日本の仏教でも「肉体（身体）と魂（精神）」についての教えがあります。

しかしそれは正しくありません。人間を形づくっている要素はそれ以外にもあります。

どんな人間にも必ず存在しているのが〝第三の目〟である「JIT（ジッ）」です。

この〝第三の目〟には、より良く生きるうえで極めて重要な役割を担う〝未知なる生命体〟が存在しています。

ブッダはその生命体を「JIT（ジッ）」と呼び、ダルマに不可欠な存在として教えを広めました。しかし本来の仏教のダルマにある「JIT」ですが、仏教が中国に渡り、中国仏教（大乗仏教）になったときに「ＪＩＴ」の存在が省かれて「肉体と魂」だけになってしまったのです。そのために「ＪＩＴ」を表す文字（漢字）はありません。「ＪＩＴ（ジッ）」という発音（名称）だけがあるのです。

中国仏教にないということは、中国仏教が伝わった日本の仏教にもＪＩＴの存在はありません。日本の仏教にあるのは「魂と肉体」のみ。ＪＩＴは伝わってきていません。

日本の仏教では「魂を成長させる」ことが良く生きるために重要と説かれていますが、実はそれだけでは十分ではありません。

正しくは「魂とＪＩＴを成長させる」ことが良く生きるためには必要です。

ＪＩＴが成長すれば運命が変わる

「ＪＩＴ」とは〝第三の目〟に存在する未知なる生命体です。第三の目は眉と眉の間の上１cm、その奥の１cmぐらいのところ、間脳といわれる部位にあって、そのあたりにＪＩＴが存在しています。

ＪＩＴの一番の仕事は「わかる」「理解する」、つまり認識ということです。

ＪＩＴは人間の思考に影響を与え、ＪＩＴの成長と人間の成長は比例します。

ブッダは「心を制御すれば幸福になれる」と説いています。自分の心を管理することでしか人は幸福になれません。すべては心が握っています。行動も言動も〝意（心・思考）〟が支配しています。

その〝意〟を支配しているのはＪＩＴ。つまりＪＩＴが成長して強くなれば、心（思考）を支配（制御）できて人間は幸福になれるということです。

そのためにはＪＩＴを成長させなければいけません。

ＪＩＴを成長させるにはＪＩＴを軽くして、きれいにすることです。

ＪＩＴを軽くするには執着、欲望を捨てること。

ＪＩＴをきれいにするにはヤキモチ、妬み、嫉妬を捨てること。

ＪＩＴが軽くなれば執着はなくなり、ＪＩＴが清らかになれば嫉妬はなくなる。

ＪＩＴが増えれば欲はなくなり、ＪＩＴが成長すれば心を制御できるようになります。

逆にいえば、欲望と執着によってＪＩＴは重くなり、ヤキモチ、妬み、嫉妬はＪＩＴを汚します。ＪＩＴが重く、汚れていればＪＩＴは成長しません。ＪＩＴが成長しなければ心を制御できず、幸福な人生にはならないということです。

ＪＩＴが成長することで脳が活性化し、意志力、判断力、決断力が正しく機能するようになります。その結果、自分の未来を予知したり、危険を回避したりする力が身につきます。

つまりＪＩＴを軽くしてきれいにすると運命が変わるということ。

ＪＩＴが成長することで運命も強くなるのです。

ＪＩＴを成長させるための３つのこと

ＪＩＴを軽くしてきれいにする一番良い方法は「瞑想」です。

瞑想によって深く自分自身を見つめ、心にこびりついている汚れを剥がすことで、ＪＩＴは軽く、きれいになっていきます。

魂には力がありません。ＪＩＴには力があります。ろうそくに例えると、魂は、ろうそく本体で、ＪＩＴは燃えている炎。ＪＩＴの力を高めれば人生の影響力は大きくなります。

ＪＩＴと魂は連動しています。ＪＩＴと魂が成長したとき、人は必ず人生の目的を見出し、徳を積む生き方をすることができるようになります。魂を磨くとともにＪＩＴも磨くことでより良い人格となり、より良い人生となっていきます。

ＪＩＴを成長させるには次の３つを心掛けてみてください。

「幸福を求めず、幸福に執着しないこと」

幸福に執着すればＪＩＴが重くなり、抜けてしまいます。

「どんな過去にも執着しないこと」

過去に執着し後悔するとＪＩＴは抜けていきます。

「将来のことを考えず、現在を正しく生きること」

将来に対して不安に思ったり、考えたりすればＪＩＴが汚れ、抜けていきます。

将来のことを考えず、今に集中して行動するだけでいい。そうすれば将来のことを考えずとも良い結果が未来に起こります。

ＪＩＴが成長していない人、ＪＩＴの弱い人には次のような特徴があります。

「不安や心配症、取り越し苦労が多い」

「すぐ実行せず、先延ばしする癖がある」

「短気、感情的」

「忍耐力、実行力がない」

「先見力、集中力がなく、見通しが甘い」

「決断力、判断力がなく、判断を誤る」

ＪＩＴの少ない人、弱い人は、行動力、実行力も弱いものです。考えるだけで何もしない人、やらない人はＪＩＴが少なく、心が弱い人間。やり抜くことも頑張る力も見失ってしまいます。

成功と幸福を受け取った人の共通点は〝意志力の強さ〟です。〝やり抜く力〟こそ意志力であり、意志力はＪＩＴの数と軽さときれいさによって決まります。良いＪＩＴが増えれば意志力は強くなり、やり続ける力、忍耐力も増し、先見力もついてくる。逆に悪いＪＩＴが増えれば判断を誤り、失敗の人生となる。それほどＪＩＴは、良い人生にとって大切なものなのです。

ＪＩＴの量とは意志の量。ＪＩＴが減れば意志力も弱くなり、判断を誤るようになります。ＪＩＴが未成長の人は人生が思うようにならず、自分の能力、才能、潜在力を活かすことができない人生となります。

ＪＩＴが成長すれば苦しみも悩みもなくなる

ＪＩＴがきれいな人か汚れている人か、見分ける方法があります。

人の成功を見て自分のことのように喜べる人のＪＩＴはきれい。

ヤキモチや嫉妬、怒り、愚かな人はＪＩＴが汚れています。

ＪＩＴが少ない人は常に心が騒がしく、一緒にいるだけで運と徳分をなくします。

ＪＩＴの多い人は常に心が鎮まり穏やかで、一緒にいるだけで運と徳分が増大します。心が鎮まれば開運と幸運に繋がっていくのです。

ＪＩＴが成長すればするほど苦しみや悩みのない人生を生きることができます。ＪＩＴが汚れ、重く、少ない人の人生は、苦悩に満ちた人生になり、充実した人生とはなりません。

欲望と執着によってＪＩＴは重くなります。ＪＩＴを軽くするには執着を捨てること。欲望を捨てることです。そしてＪＩＴを増やすには嫉妬や妬みを捨てること。言葉も行動もＪＩＴが支配しています。ＪＩＴを増やし、強く軽くきれいにすることで人生を向上させることができます。ＪＩＴが人生を方向づけ、運命を決めていきます。

運命の良化にはＪＩＴを成長させること。そして徳分を積むこと。

幸運とは偶然にやってくるものではありません。徳分とＪＩＴに関わっています。運命を良化させ、人生を良い方向に変えるには徳分とＪＩＴが欠かせません。

良い人生を生きるには〝第三の目〟であるＪＩＴを成長させることが重要なのです。

物質化現象で出現した神聖物には「ＪＩＴ融合体」が宿っています。

「ＪＩＴ融合体」は所有者が徳を積むことを助けてくれます。

ＪＩＴが抜けたものがパワーストーンです。ゆえにパワーストーンにはパワーなどありません。神聖物は所有者の自己実現を助けてくれます。

第5章

後悔しない充実した人生にするために

自分が不幸かどうかは自分の受けとめ方次第

”Q. 世の中は思うようにいかないことばかり。

生きていて苦しくなります。

こんな自分は不幸でしょうか？“

まず考えなければいけないのは「不幸とは何か？」ということです。

自分の都合の悪いことが起きたら不幸なのか？

たとえば中学高校大学と全部自分の思い通りに来ましたか？思い通りの会社に就職できましたか？思い通りに仕事が上手くいっていますか？思い通りの人と結婚しましたか？思い通りの生活ができていますか？

人は思い通りにいかないと悩み、苦しみ、不幸と思ってしまいます。でも思い通りにならないことは生きていくうえで当たり前のことです。

ブッダは言いました。

『生きることは苦である』

生きるということは苦なのです。思い通りにいかなくて当たり前。それを不幸だと思うか思わないかは自分の考え方次第なのです。

起きた結果が不幸ではない。考え方そのものが不幸なのです。

自分の思い通りにしようとすること、その考え方そのものが不幸なのです。


——つまり自分の考え方が不幸をつくり出しているのですね?


たとえば思い通りにならないことを不幸というのであれば、病気になることは不幸ですか?事故に遭うのは不幸ですか?詐欺に遭うのは不幸ですか?

年を取ることも不幸ですか?いずれ死ぬことも不幸ですか?

違うでしょう。病気になるのは自分の生活習慣が悪いか、前世のカルマによるもの。

事故に遭うのも詐欺に遭うのも、すべて自分自身の不注意や過去の行為の結果として現れているのであって不幸が原因ではありません。自分の行為によって生まれた結果を自分が受け取っているだけのことです。

年を取ることも死ぬこともそうです。人は誰でも自然に年を取るし、誕生とはひたすら死に向かっていくことで、避けられないことです。年を取ることや死ぬことが不幸であるならば、生まれることそのものが不幸ということになってしまいます。

――確かにそう考えると〝すべてが不幸〟になってしまいますね。

それなのに不幸な考え方をする人が何と多いことでしょう。思い通りにならないことばかりに目を向けて、それをどんどん繋いで膨らませて自分を不幸にしていく。その思考が不幸をつくり出していることに気づいていない。不幸になる考え方を自分がつくり出しているがゆえに不幸になっているのです。

小さな都合の悪いことを繋ぎ合わせてガン細胞のようにどんどん大きくしていく。都合の悪いことばかりに目を向けて、点であるものを線にして形にしてしまうことで〝不幸な現実〟をつくり出しているのです。

そしてそこから逃げようとすればするほど苦しみと悩みが増えていく悪循環、不幸の輪廻の中に入ってしまいます。

――不幸は不幸を呼ぶということですね。

不幸の輪廻から抜け出すには、不幸の悪循環を断ち切らないといけません。

そのためには無知を破ること。本当のことを知りなさいということ。

本当のことを知るとは〝ありのままを見る〟ということ。

現実をそのまま受け入れて、それに対応していく力をつけていくことで不幸の輪廻から抜け出せます。

――どうすれば〝ありのままを見る〟ことができますか？

一つ一つ対処すればいい。

たとえば仕事で失敗したら、落ち込んだり悩んだり、あるいは誰かのせいにしたりせずに、何が原因で失敗したのかを調べて改善すればいい。それがありのままを受け入れて対処するということ。

何か上手くいかなかったら、「上手くいかないことが当たり前なんだ」と考えて、その問題に対処することです。そこできちんと対処しないから、また失敗して失敗が大きくなる。

不幸が不幸を呼び込むように、失敗が失敗を呼ぶものです。だから失敗という現実を受け入れて対処する必要があるのです。それしか前に進むことはできません。

――自分の思い通りにいかなくても「不幸だ」と嘆くのではなく、現実を受けとめて対処するということですね。

たとえば病気にかかったり事故に遭ったとしたら「このぐらいで済んだから良かった」という受けとめ方をすればいい。何か都合が悪いことが起きても「自分の思い通りにいかないことは当たり前なんだ。このぐらいで済んで良かった。感謝しよう」と思うことです。

不幸に目を向けるのではなく、感謝に目を向けること。

心に〝恩〟を持って生きることで不幸な人生から幸福な人生に変えることができます。

——そうはいっても、なかなか現実を受けとめて感謝するのは難しいと思います。

毎日寝る前に「今日はどんなことに自分は感謝するのか」を考えて、感謝を見つけて寝るようにしてください。

「今日はこんな学びがあったから感謝」
「今日はこんな人に出会ったから感謝」
「今日は仕事が上手くいったから感謝」
「今日は無事に一日過ごせたから感謝」

人でもいい、ペットでもいい、神様でもいい。毎日何かに、誰かに感謝する習慣をつける。そうするとカルマをつくらないようになっていきます。

——毎日寝る前に感謝する習慣をつけるのですね。

自分にとって都合の悪いことが起きるのは、自分の過去の行為を受け取っただけ。

それが真理です。
ダルマを学べば、ありのままの現実を受け入れられるようになります。
問題は心の在り方です。
「自分は不幸だ」と思うのは心が成長していない証拠。
心が成長していかないので不幸をつくり出しているのです。
心を成長させ、心を育てれば安らぎが得られます。
今まで不幸な人生だったものが幸福な人生に変えることができるのです。

A.『人生は思い通りにいかなくて当たり前。それを不幸だと思うか思わないかは自分の考え方次第。起きた結果が不幸ではない。自分の思い通りにしようとすること、その考え方そのものが不幸。不幸に目を向けるのではなく、感謝に目を向けることで不幸な人生から幸福な人生に変えることができる』

自分の心がいつも問題をつくっている

Q. 人を不幸にする原因は何なのでしょう？
どうすれば不幸の原因をなくすことができますか？

すべての失敗の原因も不幸の原因も、人生のすべてを支配管理しているのは〝心〟です。心が常に問題をつくっているのです。

『心を鍛えなさい』

『心の汚れを落としなさい』

ブッダはそう語っています。

心を制御できるようになれば人生は上手くいくようになります。

そのためには身体を鍛える以上に心を鍛えること。体力をつける以上に〝心の力〟

をつけることが重要です。

――〝心の力〟とは何でしょうか？

心が力を持っていないと、怒りの感情が湧き起これば怒りに従って怒ってしまう。欲が出てくれば欲に巻き込まれてしまう。心が力を持つと、そうした感情に巻き込まれずに、怒りも嫉妬も嘘もつかないようになります。

――つまり〝心の力〟とは感情に動かされない強い心ということですね。

人は心という〝思考〟に支配されています。つまり人生を操っているのは心です。身体は心の道具です。この道具を使って心は行動しています。

心が汚れていれば、言葉も行動も汚れます。心が清らかであれば、言葉も行動も清らかになります。身体ばかり大切にするのではなく、心を大切にすること。身体という道具を使う心のほうが大切なのです。

〝心を鍛える〟とは、心の汚れを落とすこと。きれいな心でいること。純粋無垢な心が一番強い心です。

――〝心の汚れ〟とはどういうものですか？

心の汚れとは三大煩悩である「貪瞋痴《とんじんち》」のことです。それが人を不幸にする原因です。欲の強い人（貪）やすぐに怒る人（瞋）や愚痴の多い人（痴）と一緒に仕事したり、暮らしたり、関わったりすることで幸せになれると思いますか。なれるはずがありません。

つまり心の汚れは人を不幸にする。心の汚れを落として清らかな心にすることで、人は幸福になれるのです。

――どうすれば〝心の汚れ〟を落としてきれいな心になれますか？

部屋が汚れていたら掃除してきれいにすればいい。心の汚れも部屋の汚れもコツコツと掃除してきれいにしていく。そのためには思考を入れ替えることが心の掃除になります。

――思考を入れ替えるとはどういうことでしょう？

執着、嫉妬をなくすことです。心の力をつけるというのは執着や嫉妬がないこと。

欲が出れば出るほど嘘はつきやすくなる。心が力を持つと嘘もつくことができなくなります。執着と嫉妬を捨てれば心がきれいになり、心のレベルが上がることで人生が向上します。

――嫉妬はどうすればなくなりますか？

嫉妬をなくすには素直に人の成功を喜ぶことです。たとえば、同僚が仕事で成果を出して出世したら「おめでとう！良かったね」と祝福してあげること。

そこで「何であいつが」とか「自分が負けて悔しい」とか「失敗すればいいのに」などと嫉妬すればカルマになります。

――相手に対してライバル心を持たないということでしょうか？

嫉妬は競争を生みます。競争は怒りをつくり出します。怒りによって相手を攻撃するようになります。

嫉妬は怒りの原因となるのです。ライバル心など持ってはいけません。

――むしろ相手の成功を喜ぶのですね。

他者の幸せを喜ぶ心を「ムディター」といいます。ムディターを育てることで嫉妬がなくなります。ムディターを育てれば怒りもなくなります。

誰かがビジネスで成功して儲けたなら「良かったね」と一緒に喜んであげる。素直に喜ぶクセをつけることで嫉妬の感情は起こらないようになっていきます。

――嫉妬するより喜ぶクセをつけろということですね。

米アイオワ州立大学で実施された実験（２０１９年）に、こんな研究があります。

４９６人の大学生を対象に、彼らに12分間にわたって大学構内を歩いてもらい、すれ違う人に対して心の中で〝あること〟を考えてもらうという実験です。

〝あること〟とは次の４つ。

1「その人が幸せになって欲しいと優しい気持ちを抱く」
2「その人と自分にはどんな共通点がありそうか考えてみる」
3「その人より自分のほうが優れていそうな点はどこかを考える」
4「その人の服装や持ち物について考察してみる」

このように4つの視点を持つグループに分けて実験を行い、そのうえで散歩の前後に不安、ストレス、共感性、幸福度、他者との繋がりなどの要素をスコア化しました。その結果、「1」の「他者の幸せを願う」グループがもっとも幸福度が高く、不安が減少し、共感性や他者との繋がりにおいてもプラスの作用が働いたことがわかりました。さらに興味深いのは、個人差が実験結果にほとんど影響を及ぼさなかった点。つまり自己愛が強いナルシスト的な人でも協調性のある人でも、他人の幸せを願った人たちのほうが等しく幸福度が高いということです。

すなわち「他人の幸せを願うと自分も幸せになれる」という結果が得られたのです。

――嫉妬するより相手の成功や幸せを願ったほうがいいということですね。

「どんな人でも他人の幸せを願うと自分が幸せになれる」

これはブッダの教えですが、この研究からも正しいことが統計的にも証明されました。相手に嫉妬するより相手の成功や幸せを一緒に願い喜ぶほうがいい。そのほうが自分も幸せになれるということです。

――相手が自分に嫉妬する場合はどうすればいいでしょうか？

心の汚れを落とすには人間関係も重要です。嫉妬の強い人、競争心の強い人に関わると自分に向けて怒りがやってきて攻撃されるようになってしまいます。そういう人とはできるだけ関わらないようにすること。嫉妬、競争のない人とつき合うことが、自分を成長させることに繋がります。

――つき合う相手も大事ということですね。

嫉妬は知らない人に向けてはあまり生まれないものです。たとえば会社の同僚などの身近な仲間の中から生まれやすい。

嫉妬と縁を切るためには、関わっていい人、関わらないほうがいい人の見極めをすることも重要です。それも心のレベルを上げる修行の一つ。

ブッダは「仲間と繋がる必要はない」と教えています。仲間は嫉妬を生みます。仲間をつくりたがる人ほど自立していない人。社会的、身体的には仲間であっても、精神的には一人で歩むこと。この「精神的に一人で歩む」ことが一番良い方法です。

――仲間に依存せずに精神的に独立せよと。

三大煩悩の「痴」とは愚かさであり、恨みや妬み、嫉妬を生みます。他人の成功、幸せを喜べない人は痴の煩悩が大きい人。嫉妬すればするだけカルマが大きくなります。他人の成功や幸せを喜べる人になれば愚かさは消えていき、カルマもつくらないようになります。

嫉妬は心に苦しみをもたらします。

他者の幸せ、他人の成功を喜ぶことで嫉妬がなくなり、心を清らかにすることができます。そして自分も幸福になることができるのです。

A.『心の力をつけるには心の汚れ（三大煩悩）を落とすこと。他人の成功や幸せを喜べる人になれば愚かさは消えていき嫉妬はなくなる。心の汚れを落として清らかな心にすることで人は幸福になれる』

ブッダの教える人間関係とは

”Q.トラブルをなくし、良い人間関係に変えるには、どうすればいいでしょうか？“

ブッダは人間が幸せに生きるための４つの原則を説いています。

「健康であること」（身体の健康、心の健康）
「経済的生活の安定」（生活ができて、人に支援や協力ができる経済状況）
「良い人間関係」（善なる友人と善なる家族を持つ）
「カルマをつくらず、徳を積みながら生きていくこと」（カルマと徳分の法則）

この4つの中にも「良い人間関係」が挙げられているように、幸福な人生にするためには人間関係はとても重要です。

――ダルマでは人間関係についてどう教えているのですか？

一般的に社会（学校など）では「誰とでも仲良くしなさい」というように教えられますが、ブッダはこう教えています。

『悪友を避け、善友と関われ』

それがブッダの教え。

一般的に教えられている「誰とでも仲良くする」は間違いだということです。

ブッダは「善友がすべて」と言い切っていて、「善友が得られなければ一人で歩め」とまで教えています。

なおブッダの言う「友」とは年齢は関係ありません。20歳上だろうが30歳上だろうが、逆に年下だろうが、年齢差は関係なく、〝自分と関わる人〟という意味で人間関係を表しています。

――ブッダの教える「避けるべき悪友」とはどんな人のことですか？

「甘言を語る人、言葉だけの人」

目の前ではお世辞を言い、裏では陰口を言う人。口先だけが上手く、中身が伴っていない人。都合がいいときだけ友情を装い、都合が悪いと逃げる人。

「遊蕩、放蕩の人」

飲酒、麻薬、ギャンブル、悪い女性や悪い男性に溺れる人。

「何でも奪っていく人、裏切る人」

自分の利益ばかり追求し、自分の利益のために平気で相手を陥れる人。

こういう人たちのことをブッダは『避けるべき悪友』と教えています。

――「善友」とは何でしょうか？「親友」とは違うのですか？

「善友」とは「自分に善なる影響を与え、成長を助けてくれる人物」のことです。

ブッダは『親友ではなく善友を探せ』と説いています。親友とは単に気が合う親しい友達のことですが、善友は〝自分を高め導いてくれる人〟のこと。

ブッダはつき合うべき人について『気の合う人より、気づきを教えてくれる人。与えてくれる人』と説いています。そうした善友が自分の近くにいることは、自分の人生においてとても大きな価値があるのです。

――どうすれば〝善友〟をつくれますか？

良い人間関係をつくるには、意識して相手を見極めることが大切です。「この人と関わっていいのか悪いのか」ということを相手を見て判断する必要があります。

ブッダは相手を見極めるための判断基準についてこう語っています。

『その友の言葉ではなく、成したこと。行為を見よ』

つまり相手の言葉ではなく、行動を見て判断せよということ。

具体的な例を挙げれば、「良いことが起こったとき、一緒に喜んでくれる人かどうか」「上手くいかないとき、心配してくれる人かどうか」などの行為から善友か悪友かを見極めるのです。

悪友の例としては、自分にお金があるときには友達の顔をして近寄ってきて、いざお金がなくなるといなくなってしまう。こういう行動を取る人は典型的な悪友です。

——**相手の言葉ではなく本質で見極めろということですね。**

ブッダは、つき合うべき人とつき合ってはいけない人について次のように教えています。

「遠ざける不運を呼ぶ4人の敵」

・テイカー（奪うだけの人）
・口だけで実行しない人、陰口を言う人
・酒、ギャンブルに溺れる人
・友達を装う人

「近づくべき幸運を呼ぶ4人の友人」

・ギバー（与えてくれる人）
・自分のために正しい情報を教えてくれる人

・自分のことのように一緒に喜んでくれる人
・ダルマを学び、瞑想している人

――〝不運を呼ぶ4人〟とはつき合いたくないですよね。

そうは思っていても、悪友と関わりを持ってしまうときがあります。

「心が弱っているとき」

「欲望が強いとき」

「心が憤っているとき（怒っている、イライラしているなど）」

こういう精神状態にあるときには悪友が寄ってくるので注意しないといけません。

つまり自分の心を管理できていないと悪い人間関係に陥りやすいということです。

――確かに心が弱っているときや怒っているとき、欲に目が眩んでいると悪い人物につけ込まれたりしますよね。

「悪人の見分け方」

ブッダの教える善人と悪人の見分け方があります。

・聞いてもいないのに他人の悪口を言う、人の悪いところしか見ない
・人を褒めない
・自分の欠点や悪いところを聞かれても言わない
・聞かれなくても自分の賞賛をする

「善人の見分け方」
・聞かれても他人の悪口は曖昧にして言う、いやいや悪口を言う人は善人
・他人の良いところを聞かれなくても言う、口だけではなく心から言う
・聞かれたらためらわずに自分の悪いところを言う、自分の悪いところを隠さない
・自分の良いところを聞かれても言わないか曖昧に言う

これらに当てはまるかどうかで、その人が善人か悪人か見分けがつきます。
逆に自分を当てはめてみることで、自分が善人か悪人かもわかります。

――この判断基準に当てはめて考えればいいのですね。

人間関係で苦しまないためには、自分の中で基準を持つことが必要です。「どのような人とつき合い、どのような人とつき合わないのか」「関わりを持つとすれば、どこまでつき合うのか」プライベートかビジネスか、つき合う領域を設定しておくことで人間関係で苦しまないようになります。

たとえば、本当は避けたいのにどうしても仕事上で関わりがある人であれば、どこまでつき合うかの領域を決めておいて、必要以上に近づかないようにすることです。自分の中で基準を決めておけば、人間関係の悩みは少なくなります。

――人間関係を良くするには、つき合う相手を選べということですね。

つき合う相手を選ぶのはもちろん大事ですが、良い人間関係をつくるには、自分自身が「つき合うべき人」になることが必要です。相手から見て〝つき合ってもらえるレベル〟にならないといけません。そのためには自分自身が成長して人格を高めることです。
ブッダは「〝つき合うべき人〟になるにはどうすればいいか」を教えています。

「支援・協力ができる人になる」
「苦楽を共にできる人になる」
「相手のためを思って話ができる人になる」
「人を気遣ってあげられる人になる」

こうした人になることで、自分自身が相手から見て〝つき合うべき人〟になれるのです。

――人間関係は相手の問題だけではなく、自分の問題でもあるということですね。

人との出会いも自分の徳次第。カルマと徳分の大きさに合わせて出会いは起こります。自分のカルマが大きく徳分が小さければ悪友と出会うことになります。良い出会いがないのは自分のカルマのせい。しょうもない人とばかり出会うのは、自分がしょうもないから。

良い出会いをして良い人間関係をつくるには、まずは自分のレベルを上げないといけません。自分が〝つき合うべき人〟になることです。

人との関わり方が人生をつくります。誰とつき合うかによって自分の人生が決まってしまいます。

良い人生にしたいなら、自分が成長して人格を高めることです。

A.『ビジネスで成功するためには良い人間関係が重要。良い人間関係をつくるには〝つき合うべき人〟とつき合うこと。自分が相手から見て〝つき合うべき人〟になること。そのためには自分が成長して人格を高めること』

幸福になる〝たった一つの方法〟

Q. どうすれば〝本当に幸福な充実した人生〟にすることができますか？

ブッダは幸福になる方法は一つしかないと説いています。

「心を制御することだ」

自分の心を管理することでしか、人は幸福になれません。

幸福になれるかどうか、すべては心が握っているのです。


——**〝心を管理する〟とは感情的にならずに平穏に保つということですか？**

ブッダは言います。

『心とはあまりにも微妙で発見しがたい。わがままで動く。その心を賢者が守る。心を守ることで幸福になる』

心を守る力のない人は自分や他人の感情に巻き込まれてしまいます。

心とはすなわち思考です。思考が汚れているならば、すべての行為はカルマとなり、幸福にはなれません。

ブッダは心を守る力のある人、心を管理できる人のことを「賢者」と呼び、賢者こそが幸福になれると説いています。

――具体的にはどうすれば〝心を管理する〟ことができるようになるのでしょうか？

ダルマでは次のように教えています。

「希望通りにならないのは当然と思う」こと。

ブッダが言うように「人生は苦」なのです。自分の希望通り、自分の思い通りにいかないことは当たり前。むしろ希望通りにいくことのほうが稀です。

希望通りにいったときには感謝すればいい。その感謝の気持ちが徳分になります。

何でも自分の思うような結果を求めてはいけません。

――希望通りいかなくて当たり前だと思うのですね。

常に自分に起こっていることは「最善の結果である」と思うこと。つまり最善を尽くして出た結果を素直に受けとめるということ。

たとえば自分の希望していた学校や会社に入れなかったとしても「なぜなんだ」と悲しんだり悩んだり悔んだり落ち込んだりしてはいけない。「精一杯やった結果だからこれが最善の結果なんだ」と受け入れること。

これが「最善結果到来」という考え方です。

「自分は最善を尽くした結果なのだから受けとめます」という素直な気持ちが大事です。

結果に抗ってはいけません。結果を受けとめることができない人は不幸です。

「最善結果到来」と素直に受けとめられる人が幸福になれる人です。

――素直に結果を受け入れて、いつまでも引きずるなということですね。

結果に執着すると不満が生まれます。不満や不安があれば心が穏やかではいられません。それでは幸福にはなれません。

不満は放置する。不安があっても心配しない。

何事にも執着せずに〝放っておく〟こと。放っておくことで、感情がブレずに心を管理することができます。それが心の平穏へと繋がります。

——不満や不安はいちいち向き合わずに放っておけと。

「妄想をやめる」ことです。

「妄想」というのは自分だけの世界に入り、自己中心的な感情で思考を繰り返すことです。これはカルマとなります。

妄想する、つまり自分の世界に入って、自分の都合のいいことを思い描くことは心を管理できていないということ。感情に左右されているのですから心が平穏でいられません。

——確かに妄想は自分の欲望や願望の現れですね。

「忍耐力を高める」ことも大事です。

どんなに辛い状況であっても理不尽なことに出会っても耐えることです。

『最高の修行とは耐え忍ぶことだ』

ブッダはそう説いています。

ブッダは「忍耐」と「堪忍」を重要な修行として教えました。

――耐え忍ぶことが修行になるのですか？

耐え忍ぶとは世の中がどう変わろうが、心が揺らぐことなく、穏やかな状態でいる訓練です。失敗しようが成功しようが冷静でいること。体調が悪かろうが病気になろうが冷静にいること。これが忍耐力です。

耐え忍ぶことで「希望通りにはならない」という、この世の真理に気づくことができるのです。それがブッダの言う修行です。

――要するに、どんなに辛い状況になっても、じっと我慢しろということですね？

「我慢」と「忍耐」は違います。

「我慢」とは、辛い状況や理不尽なことの本質を理解せずにひたすら耐えるということ。

「忍耐」とは、辛い状況や理不尽なことに向き合い、その本質を理解したうえで耐えるということ。

「我慢」には理解がありませんが、「忍耐」には理解があります。

「我慢」はカルマ、「忍耐」は徳分を生みます。

だからブッダは「耐え忍ぶことは最高の修行だ」と教えたのです。


――忍耐力がないとどうなるのですか？


忍耐力がないと、〝耐えられない〟というストレスは怒りとなります。怒りという感情はカルマをつくります。

カルマをつくるのは良い生き方ではない。怒りという感情が湧き起これば心は平穏ではいられません。


――怒りを抑えるということですか？

耐える力とは「怒らない力」でもあります。

人生は自分の思い通り、希望通りにならないことが当たり前です。それなのに人は自分の思い通りになることを願ってしまう。自分がつくる希望によって苦しみの世界をつくっているのです。

希望が叶っても叶わなくても冷静にいられる人は忍耐力のある人。心の強い人。物事に動じて感情的になる人は忍耐力のない人。心が弱いとは忍耐力がないこと。耐え忍ぶことで心が強くなり、常に心が平穏でいることができるようになります。それが人格が向上したということ。その人こそ幸福になれる人です。

——とはいえ、なかなか怒りを抑えるのは難しいです。

自分が正しいと思うから怒りが出るのです。「相手が間違っていて自分は正しい」と思うから怒りが生まれます。

——「相手が正しい」と思えばいいのですか？

「相手が正しくて自分が間違っている」と思うことも本当の正しさではありません。所詮自分も相手もどちらも不完全な存在です。ブッダのように完全解脱して普遍的な真理を理解しているわけではありません。つまり自分にしろ相手にしろ、正しいも間違っているも成立しないということです。

どちらが良いも悪いもない。

だから「自分が正しい」と思うのは間違い。相手に怒るのも間違い。そう考えれば怒りという感情も湧いてこないはずです。

ただ事実を事実として受けとめればいい。そこに感情は必要ありません。それが、心が平穏であるということです。

——自分目線でもなく相手目線でもなく、ダルマ目線で物事を見るということですね。

人は常に「自分が正しくて悪いのはあなた」という生き方をしています。

これは自我（エゴ）。

逆に「自分はダメな人間だ」と思うのもエゴ。

「私が」はすべてエゴです。自我など何の役にも立ちません。

そもそもこの世で「自分のもの」と本当にいえるものは何一つないのです。

自分の身体も所詮借り物。この世という現世で生きるために借りている仮の身体であって自分のものではない。この世で生きるためのモビルスーツのようなもの。死んだら返さないといけないのです。

「私の家」「私の車」「私のお金」「私の家族」……そういったものも死んだ後に持っていけるのかといえば、この世に置いていかなければいけないもの。

今ある自分はこの世の仮の姿であり、自分のものといえるものは何一つない。

つまり「私」などないのです。

このことを理解できるようになれば自分を苦しめている自我（エゴ）など存在しなくなります。

――「私が」という意識が自我を生み、結果的に自分自身を苦しめているのですね。

自我を離れてもっと客観的に自分を観れるようになったほうがいい。そうすれば、感情に動かされることもなく、自分の心を管理することができるようになります。

怒り、同情、義理、欲望、愚かさ、嫉妬、執着などの心に支配されている人は本当の幸福にはなれません。これらは苦しみしか生みません。

お金、仕事、家族、友人、物によって得られる幸福は、すべて外部依存による幸福で本当の幸福ではありません。

本当の幸せは、自分自身の未熟な心を成長させることでもたらされます。

心に影響されないことによって幸福は得られます。

幸福になる唯一の方法は「心を制御することだ」とブッダが説いたように、自分の心を管理することでしか人は幸福になれません。

心を自分の管理下に置くことで、本当の幸福な人生を生きられるようになるのです。

A.『本当の幸せは自分自身の未熟な心を成長させること。「私が」という自我をまず捨てよ。心を自分の管理下に置き、心に影響されないことによって幸福は得られる』

幸福感を求めるより、充実感が大切

Q. ダルマが教える幸せ、幸福とは何でしょうか？

まずお聞きします。

あなたが「幸福だ」と感じるのはどんなときですか？

多くの人は次のようなときに幸福感を抱くのではないでしょうか。

仕事で成功したとき、目指していた学校や会社に入れたとき、憧れの人と親しくなれたとき、欲しいと思っていた服やバッグを買ったとき、ライバルより出世したとき、人よりお金持ちになったとき、美味しいものを食べたとき、家庭を持ち子供ができたとき…など、ずっと欲しいと思っていたものや目標が手に入ったときなどに幸福感を感じるのではないでしょうか。

つまりそれは自分の願いが叶ったときです。言い換えれば自分の欲望が満たされたとき。誰かと比較して自分のほうが優位だと優越感を感じられたとき。そうしたときに人は「自分は幸せだ」と感じるということです。

しかしそれは果たして〝本当の幸せ〟でしょうか？

確かにその瞬間は幸福感で満たされるでしょう。でもそれは一時的なもので、幸福感が長く持続することはありません。すぐにまた別の幸せを欲しくなってしまうものです。

たとえば憧れの人と親しくおつき合いできたとしても、時間が経てば何かしら物足りなくなるものです。目指していた学校に入ったとしても、慣れてくれば合格したときの喜びは薄れてしまいます。欲しいと思っていた服やバッグを手に入れても、また別の服やバッグが欲しくなるでしょう。ライバルより出世したとしても、次はもっと出世したいと思うでしょう。人よりお金持ちになったとしても、もっともっとお金が欲しくなるでしょう。

つまり自分の欲望が満たされたことで得られる幸福感は一時的なものなのです。人間は〝嬉しい刺激〟を受けると幸せだと感じますが、そのような幸福は、一時的な刺激による幸福感で長続きしないのです。

——確かに時間が経てば幸福感は薄れてきて別の幸福を求めてしまいます。

誰かと比べて良い成績が取れたから幸せ、誰かと比べて偉くなったから幸せ、誰かと比べてお金持ちになったから幸せ、このように比較することによって得られる幸福感は真の幸福ではありません。単に一時的な刺激による優越感であり、満足感にすぎません。

それは、つくられた幸福であり、間違った幸福であり、すぐに壊れてしまう幸福。優越感とか比較によって得た幸福はすぐに消えてしまい、「幸せ」という名の刺激がもっと欲しくなります。

それは人間の欲望です。そして欲望は苦しみしかつくりません。

——次から次へと幸福を欲しくなるということですね。

一時的な幸福は欲望、願い、比較によってもたらされます。つまり、欲望、願い、比較することなく幸福を感じられる状態、それが正しい幸福だということです。

ダルマが教える幸福は「永続的な幸福」です。本当の幸福とは一時的なものではなく〝永続的にずっと続く幸福感〟です。

永続的な幸福とは〝自分の中から湧き起こる幸福〟です。

外部からの刺激による幸福感ではなく、自分の内側から湧き出てくる幸福です。

――それはどういうものですか？

ダルマにおける幸福とは次のような状態のことをいいます。

「欲望を手放した状態」

「願いが叶っても叶わなくても、どちらも受け入れることができる状態」

「他者との比較ではなく、自分を基準として幸福を感じられる状態」

この3つの状態を「幸福」といいます。

欲望を満たしたり、願いを叶えたりすることを幸福の条件にしていると、それらを達成できない限り幸福は訪れないということになってしまいます。

たとえば他者と比較して幸福を感じていると「他者に対して自分が劣っている」と感じることがあれば、幸福どころか不幸な状態に陥ってしまいます。

ダルマに沿った生き方とは、欲望や願い事、他者との比較に振り回されることがない生き方をすることです。

――ダルマに沿った生き方をすることで〝本当の幸せ〟になれるのですね？

本当の幸福、本質的な幸福とは何か？

それは〝心が安らいでいる〟状態にあること。

心が穏やかで安らいだ状態でいることが幸せの入口です。

いかに幸福感に満たされた状態を長く維持していくか、それが幸福な人生であるかどうかということになります。

――〝心が穏やかで安らいだ状態〟にはどうすればなれるのでしょう？

心の安らぎは、物事や現象といった自分の外側に執着しないことで生まれます。どんなことにも執着しなければ安らぎが生まれます。執着しない人は何事にも感情が揺れたりしないので、常に心が落ち着いています。逆に感情に左右される人は心の安らぎを得ることができません。

幸せとは心穏やかに暮らせること。そのためには常に心を平穏に保つことです。心を常に平穏に保てる人は幸福な人。平穏に保てない人は不幸な人。

いつもお金儲けのことを考えたり、病気の心配をしたり、家族にイライラしていれば、心が平穏ではいられません。物事に執着していると心が安らかではいられないのです。

――心を平穏に保つことで自分の内側から幸福感が湧き起こるのですね。

「幸福だ」「不幸だ」と言っているのは、一つの刺激に対して言っているだけ。

一般的にいう幸福は所詮一時的な刺激でしかありません。

「これがあったら幸福だ」というものは全部嘘の幸福です。自我（エゴ）や、金銭を中心にして幸福を考えてはいけません。

——外部に求めるのではなく自分の内側に求めよと。

「幸福だ」「不幸だ」と考えているうちは幸福ではありません。「幸福」という言葉も「不幸」という言葉も消え去った状態になること。幸福でもない、不幸でもない、心穏やかで安らいだ状態、それがダルマでいう「幸福」です。

そのことが理解できれば、自分の中にある〝本質的な幸福〟に気づき、満ち足りた人生を歩むことができるようになるのです。

A.『一般的な幸福は一時的な刺激に対する幸福感にすぎない。本当の幸せとは永続的に続く幸福感。本当の幸福とは自分の内から湧き起こるもの。心が穏やかで安らいだ状態にあることが本質的な幸福。つまり幸福を求めるより、充実を求めることが大事』

おわりに
～より良い人生に自分を導くために本質を知る～

私たちが今生きている現代社会は嘘ばかりです。マスコミから流される情報も嘘ばかり。自分のまわりに嘘ばかり溢れていて、一体何が本当で、何が嘘かもわからない現代を私たちは生きています。

そんな嘘にまみれた現代を生きていくためには、何が本当なのか、何が正しいのかを判断しないといけません。そのためには〝善い悪い〟を判断する、基準となる軸が必要です。

お釈迦様が生まれた時代は現代と似ていました。

お釈迦様が現れる以前はヴェーダの教え（バラモン教）が中心で、文明も進み、人々も豊かになり、思想が混乱していく時代でした。道徳が否定されたり、生きているときだけ楽しければそれでいいという快楽論がはびこった時代。また反対に苦行に熱中する人々も現れたり、宿命によってすべて決まっているのだからと投げやりな人々も増え、人々は何が正しく、何が間違っているのかもわからなくなり、思考の軸を失い、心が混乱していく傾向にありました。

これはまるで私たちが今生きている現代と同じです。その混乱の中から現れ出たのが、のちに悟りを開きブッダとなるお釈迦様です。

お釈迦様は「人はどう生きれば悩みや苦しみがなくなるのか」を明らかにしました。ブッダの教えであるダルマとは「いかに生きるべきか」、その生きる道を明らかにしたものです。仏教とは「生きる」という問題を解決するための方法です。苦しみを乗り越え、幸福な人生を生きるための最高の教えです。

ブッダは言いました。

『心を清らかにする人が幸せである』

人生の成功とは、どれだけカルマを解消し、徳分を積めたのか、その結果として、成功か失敗かが決まります。カルマを解消し徳分を積めた人は、その結果として、心が清らかになり幸福な人生となるのです。

まずは心が汚れないように生きること。

これを軸として生きれば、良い人生を送れるようになります。

前世は花の種であり、現世は種を育て、やがてその結果を受け取る。徳ある行為は善い種を育て幸運な人生として現れる。カルマの行為は悪い種を育て不幸な人生として現れる。すべての行為の結果は、将来自分が受け取ることになります。そしてそれは現世だけではなく、過去世からの行為も含まれます。それが因果応報です。

現在の行為は自分の意識によって、いくらでも良い方向へ変えることができます。

ダルマを学び、善なる行為をして徳を積む人生を全うに生きること。

それがシンプルで最も良い生き方になります。

私たちが目指す生き方とは次のような生き方です。

「すべてのカルマとなる行為をやめる」

「自ら徳分となる行為を実行する」
「欲、怒り、嫉妬、憎しみ、そういったもののない清らかな心を育てることに励む」
「他人の過ちを批判する排他的な生き方をやめる」
「あらゆる生命の生きる権利を奪わない」
「人に分け与える」
「ダルマに沿った生き方を実践する」

このような生き方を目指すことで、人は自分の人生をより向上させることができるのです。

将来のことを考えることが良いことではありません。将来のことを考えないことが悪いことでもありません。今をしっかり生きることが大事。今をしっかりと生きることが将来に対するリスク回避となり、安全対策となります。

今をしっかりと生きていれば次にやるべきことが見えてきます。今の内側に未来が隠れています。今をしっかり生きていれば必ずやるべき課題が現れ、そこから未来が生まれてくるのです。

これからやってくる未来のためにも、ダルマを学び、カルマ解消し、善い行為をたくさん積み重ねて徳分を積んでいきましょう。

学びとは、知識ではありません。理解し、実践すること。私自身が日々学び続けています。人生は一度だけではありません。今が良ければそれでいいわけではない。今生が終わっても未来へと永遠に繫がっているのです。それが輪廻の輪。

そして良い人生になるか悪い人生になるかはカルマと徳分次第。

良い人生にしたければダルマを学び続け、より深く理解し、実践することです。学び続けることでより深く理解し、気づきを得ることができます。

これからやってくる未来に「充実感の高い人生」を実現するために、今こそ自分の人生の目的をよく考え、行動に移すのです。

ブッダの教えが、あなたを正しい方向へと導き、充実感の高い、より良い人生になるはずです。

松永修岳　プロフィール

「運」と「経済」の成長戦略コンサルタント。

大学卒業後、高野山に入り修行。その後、犬鳴山七宝瀧寺にて山伏の修行に入る。1984年真言宗総本山醍醐寺伝法学院に入門し得度。

真言密教四度加行、修験道七壇法加行を修行。その後、真言密教荒行焼八千枚護摩供を満行。天台密教荒行焼十万枚護摩供を満行後、究極の荒行といわれる千日回峰行で開眼。

大行満大阿闍梨。以後、最新の脳科学、心理学、東洋医学などについて研鑽を重ねる。運命学と科学を融合させた独自の開運理論体系「ラックマネージメント®」とダルマを軸にした究極の成功哲学を確立し上場企業の経営者、国会議員、一流のアスリート達を数多く指導。現在、タイ国 師アチャンの指導のもと、洞窟の内と野外での物質化現象を行っている。（株）エンライトメントハート・コーポレーション 会長。一般社団法人日本建築医学協会 理事長。一般社団法人国際風水科学協会 理事長。主な著書に、『空海の財運術』（サンマーク出版）、『心訳 空海の言葉』（角川マガジンズ）、『運の管理学』（河出書房新社）、『運に好かれる人、見放される人』（ダイヤモンド社）、『建築医学入門』（一光社）など多数。

「運」と「経済」の成長戦略コンサルティングサービスについて

松永修岳代表が直接指導する運と経済のコンサルティングサービスを行っています（毎月、面談又はオンライン）。会社の成長戦略アドバイス、新入社員の人選、ビジネスマッチング、建築医学にもとづいたオフィス設計など経営全般に関することから家族や人間関係の相談までお応えします。

風水住宅・オフィス・企画のプランニングについて

新築住宅、オフィスの風水企画、及び風水リフォーム。ご自宅、オフィスの風水鑑定、風水調整を行っています。お気軽にお問い合わせください。

お問い合わせ先

（株）エンライトメントハート・コーポレーション
ラックマネージメント・フォーラム事務局
東京都港区虎ノ門3-6-1 ナイジェリア大使館ビル3F
TEL：03-5408-1100

釈尊阿遮羅寺院 バラミータム伝法学院
ハートジェネシス事務局
岐阜県養老郡養老町養老1241-52
TEL：0584-34-1080

YouTube から動画をご視聴いただけます

- 天の扉開きプジャ
- 仏法講座
- 満月護摩
- エグゼクティブセミナー

ラックマネージメント・フォーラム事務局

●仏法講座
毎月1回開催（岐阜県養老、又は東京都虎ノ門）
※オンラインでもご参加いただけます

●ダルマトーク
毎月1回開催（東京都虎ノ門）
質疑応答形式でダルマの叡智を学べます

●瞑想講座
毎月1回開催（岐阜県養老）
※オンラインでもご参加いただけます

●エグゼクティブセミナー
運について学びたい方（有料会員制）
毎月1回開催（東京都虎ノ門）
※オンラインでもご参加いただけます

●風水鑑定士&カウンセラー養成講座
月1回/全5回講座（東京都虎ノ門）
※オンラインでもご参加いただけます

釈尊阿遮羅寺院　バラミータム伝法学院
ハートジェネシス事務局

●プジャーリー養成講座

天の扉開きの物質化現象ができるようになる司祭になりたい方

●阿闍梨養成講座

阿闍梨となり護摩奉修ができるようになりたい方

●満月護摩

満月護摩は、満月の日に祈ることで潜在脳力が開発され、
運命を強くし自分の可能性を最大限に高めることができる
東洋の成功術

一般社団法人 日本建築医学協会

●建築医学講演会＆シンポジウム

環境情報学について学びたい方
年数回の講演会とシンポジウムを開催
※オンラインでもご参加いただけます

一般社団法人 国際風水科学協会

●風水・建築医学アカデミー

風水や建築医学について学びたい方
毎月1回開催（東京都虎ノ門）
※オンラインでもご参加いただけます

ブッダ究《きゅう》極《きょく》の成《せい》功《こう》哲《てつ》学《がく》

—君《きみ》は「ダルマ」を知《し》らずに生《い》きるのか—

松《まつ》永《なが》修《しゅう》岳《がく》著

2024年5月23日　初版発行

発行者　磐﨑文彰
発行所　株式会社かざひの文庫
〒110-0002　東京都台東区上野桜木2-16-21
電話／FAX：03(6322)3231
e-mail：company@kazahinobunko.com
http://www.kazahinobunko.com

発売元　太陽出版
〒113-0033　東京都文京区本郷3-43-8-101
電話：03(3814)0471　FAX：03(3814)2366
e-mail：info@taiyoshuppan.net
http://www.taiyoshuppan.net

印刷・製本　モリモト印刷

編集　21世紀BOX
装丁　仙次
DTP　KM-Factory

ISBN978-4-86723-164-7